어린이

영상 설교집 2

구약편

kmc

어린이
영상 설교집 2

구약편

펴 낸 날 | 2008.9.18(1쇄) 2012.3.6(2쇄)
펴 낸 이 | 신경하
엮 은 곳 | 기독교대한감리회 교육국
펴 낸 곳 | 도서출판 kmc
　　　　　110-730 서울특별시 종로구 세종대로 149 감리회관 16층
　　　　　대표전화. 02-399-2008, 02-399-2085(팩스)
　　　　　홈페이지. http://www.kmcmall.co.kr
　　　　　　　　　　http://www.kmc.or.kr
　　　　　이메일. methpub@chol.com
등록번호 | 제2-1607호
등록일자 | 1993년 9월 4일
CODE | ed011026
디자인·인쇄 | 리더스 커뮤니케이션 02)2123-9996/7

값 12,000원
ISBN 978-89-8430-397-3 14230
　　　　978-89-8430-375-1 14230 (세트)

어린이 영상 설교집을 내면서

"오백년 도읍지를 필마로 돌아보니 산천은 의구하되 인걸은 간데 없네."라며 오백 년이 지나도 산천은 변하지 않았다고 고백한 옛 시인의 노래는 "10년이면 강산도 변한다."는 산업화의 문구에 밀려 사라진 지 오래입니다. 요즘 강산은 10년이 아니라 1년이면 변하는 세상이고, 컴퓨터만 해도 3개월이면 이전의 컴퓨터를 능가하는 신세대 컴퓨터가 등장하는 시대가 되었습니다. 더구나 이제는 인터넷의 발달로 세계 어느 곳에서나 원하는 정보를 얻을 수 있는 유비쿼터스(Ubiquitous)시대가 되었습니다.

시대가 시대인 만큼 교재도 변해야 합니다. 다소 늦은 감은 있지만 어린이 영상 설교집이 출간됨을 기쁘게 생각합니다. 이번에 발간되는 '어린이 영상 설교집 2'는 2차원적인 교재구성에서 다차원적인 교재구성으로 교수하는 선생님이나 학습하는 학생들에게 더욱 친근하게 다가갈 수 있게 만들었습니다.

이번 설교집은 그간 발간되었던 아동부 교재인 '짝꿍 예수님' 시리즈와 연계하여 사용할 수 있게 만들었습니다. 물론 짝꿍 예수님 시리즈와는 별개로, 독립적으로 사용하셔도 큰 무리는 없습니다.

"오직 사랑 안에서 참된 것을 하여 범사에 그에게까지 자랄지라. 그는 머리니 곧 그리스도라(엡 4:15)." 어린아이와 같은 에베소 교회를 향하여 장성하라고 말씀하신 바울 사도의 말씀처럼, 본 설교집이 사용되는 모든 교회의 어린이들이 그리스도에게까지 자라나는 큰 복을 누리시길 바랍니다.

교육국

I
창세기 이야기

II
출애굽 이야기

I
창세기 이야기

하나님이 만드셨어요

배울말씀 : 창세기 1:1

우리가 늘 쓰고 있는 연필을 누가 만들었는지 생각해 본 적 있나요? 우리가 사용하는 연필부터 복잡한 인공지능의 컴퓨터까지, 모든 물건은 누군가가 목적을 가지고, 아이디어를 내고, 또 사용하는 사람의 필요에 따라 설계도를 그려가면서 만든 거예요. 이 강대상은 '설교하는 데' 사용하라고, 이 의자들은 '앉기 위해' 누군가가 설계하고 만든 것이지요. 분명한 것은 모든 사물에는 만든 사람과 그의 정성이 담겨 있다는 거예요.

그러면 우리 함께 생각해 보기로 해요. 산과 바다는, 그리고 나무와 공중의 새들은 누가 만들었을까요? 또 우리 사람은 누가 만들었을까요? 그래요, 맞아요. 하나님이세요. 그런데 많은 사람들이 아직도 원숭이가 진화되어서 사람이 되었다고 하기도 하고, 이 세계는 작은 재료들이 충돌하고 폭발하는 과정에서 생겨났다고 주장을 해요. 하지만 생각해 보세요. 자전거 부속품 하나하나, 그 작은 것을 다 어느 한 공간에 넣어 놓고, 엄청난 속도로 흔들고, 폭발시키고, 충돌을 일어나게 한다고 자전거가 완성될까요? 절대 그런 일은 없을 거예요. 그런데도 사람들은 그렇게 해서 이 세계가 만들어지고, 생명들이 생겨났다고 해요. 하지만 그렇게 우연히 생겨난 생명이 어떻게 이토록 정교할 수 있지요? 사람의 몸만 보더라도, 수백 개의 뼈가 기가 막히게 잘 짜여 있고, 엄청나게 많은 피가 도는 관이 어느 하나 막힘없이 연결되어 있어요.

정교한 물건일수록 전문가가 세심하게 정성을 기울이지 않는다면, 절대로 작품이 나올 수 없어요. 마찬가지로 우리 사람뿐만 아니라 이 세계의 새들과 물고기, 나무, 바다 등 모든 것은 그냥 막 생겨난 게 아니라, 누군가 정교하게 준비하고 설계하여 만든, 정성이 담긴 작품들이란 사실이에요.

히브리서 3장 4절 말씀에 보니까 "집마다 지은 이가 있으니 만물을 지으신 이는 하나님이시라."라고 증거하고 있어요. 우리를 창조하신 분은 바로 하나님이지요. 하나님에 의해 여러분도, 선생님도 만들어진 것이랍니다. 우리 이 사실을 잊지 말아요.

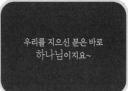

자, 이 아름다운 세계가 누구에 의해 이렇게 멋진 작품이 되었는지 알았다면, 한 가지 더 생각해 보세요. 하나님이 이 세계를 그냥 만드셨을까요? 재미 삼아 심심풀이로 만드셨을까요? 절대 아니에요.

의자를 만든 사람은 앉기 위해, 또 연필을 만든 사람은 쓸 수 있는 도구가 필요해서 만들게 되었듯이 모든 물건에는 만든 목적이 있어요. 여러분이 좋아하는 장난감이나 인형도 우리 친구들이 재미있게 가지고

놀게 하려고 만든 것이지요. 마찬가지로 하나님께서도 이 세상과 우리를 그냥 만드신 것이 아니에요. 집을 지을 때는 사는 공간을 위해 만들고, 자동차를 만들 때는 타고 다니려고 만들었듯이, 멋지고 정교하게 우리를 만드신 목적이 있어요. 그것은 바로 하나님의 협력자로 우리를 만드신 거예요.

하나님께서 세상을 만드실 때, 다른 것들과 다르게 만드시고, 우리 사람에게만 부탁을 하셨어요. 창세기 2장 7절에 보니까 다른 어떤 것

에도 불어 넣지 않으신 하나님의 생기를, 사람에게는 불어 넣어 주셨어요. 그래서 사람은 하나님처럼 생각할 수도 있고, 스스로 무엇을 창조할 수 있는 능력이 생겨난 거예요. 그래서 하나님은 나무에게, 새들에게, 물고기들에게, 바다나 땅에게, 해와 달에게 부탁하지 않으시고, 우리 사람에게 부탁하신 거예요.

내가 참 좋아하는 선생님에게 이름이 불리고 부탁을 받을 때 여러분은 기분이 어때요? 막 설레지 않나요? 혹 지금 여러분이 좋아하는 가수 언니 오빠나, 멋있는 운동선수 형이 나에게 특별한 부탁을 한다면 어떨까요? 그 부탁을 꼭 이루기 위해 열심을 낼 거예요.

그런데 그런 가수 언니 오빠나, 멋있는 운동선수 형들보다 더 귀한 분이 우리에게 부탁을 하셨어요. 무슨 부탁을 하셨는지 볼까요? 창세기 1장 28절에 보니까, "… 내가 바다에 사는 물고기와 하늘에 날아다니는 새와 땅 위에 기어 다니는 온갖 짐승들을 다스릴 권한을 너희에게 주마. 너희는 그것들을 다스리고 잘 관리하여라(현대어 성경)."라고  말씀하셨어요. 하나님은 5일 동안 모든 세계를 만드시고, 그것을 잘 관리할 수 있는 하나님의 동역자로 우리를 만드신 거예요. "너만 잘 살고, 잘 먹으며 지내거라."하신 것이 아니라, 함께 잘 살고, 잘 지내라고 하신 거예요.

엄마 아빠가 외출하시면서 동생을 잘 돌보라고 하셨어요. 그런데 내가 즐겁자고 동생을 장난감처럼 여겨서 마구 때리거나, 혹은 높은 책장에 있는 책을 꺼내려고 동생을 짓밟고 올라가 상처투성이가 되었다고 생각해 보세요. 엄마 아빠가 돌아오셔서 어떻게 하실까요? 바로 혼을 내실 거예요. 아니면 벌을 설지도 모르지요. 또 사랑하는 선생님의 부탁을 받았는데 그 일을 잘 하지 못했다면, 선생님은 이제 다시 그 일을 시키지 않으실지 몰라요. 잘하지 못한 나도 마음이 아프겠지만, 기대했던 선생님도 마음이 아프실 거예요.

마찬가지로 지금 우리가 살고 있는 세상은, 사람들이 편하게 살겠다며 마구 짓밟아서 아파하고 있어요. 상처투성이가 되어 버렸지요. 하나님께서 우리에게 잘 관리하라고 부탁하셨는데, 지금 이 세상을 보시며 하나님께서는 얼마나 마음이 아프시겠어요?

그렇다면 이런 세계를 우리가 어떻게 해야 할까요? 여러분, 연필이 연필 그대로 있으면 쓸모없는 존재지만, 그려지고 써질 때 연필은 그 만든 가치를 발해요. 우리도 하나님께서 만드신 목적대로 살아야 해요. 하나님이 만드신 이 세계를 잘 관리하라는, 우리를 기대하며 만드신 그 목적을 기억하면서, 그 부탁하신 말씀대로 이 세계를 잘 관리할 수 있는 하나님의 친구가 되기로 해요.

가장 쉬운 방법은 잘 아는 대로 쓰레기를 버리지 않는 거예요. 그리고 함부로 꽃이나 나무를 꺾지 않는 것이지요. 그리고 무엇보다도 친구들을 사랑하고 동생들을 잘 돌보면, 우리가 할 수 있는 소중한 일을 지켜가는, 하나님의 부탁을 잘 지키는 사람들이 되는 거예요. 따라해 보세요.

"나는 / 하나님의 / 멋진 / 작품! / 나는 / 하나님이 만드신 세계를 / 잘 관리하는 / 하나님의 친구!"

마음에 뿌려진 죄

배울말씀 : 창세기 2:8~3:24

하나님께서는 이 세상을 아름답게 창조하시고 참으로 좋아하셨어요. 그런데 에덴동산에 문제가 생겼어요. 오늘은 전도사님이 그 얘기를 해 주려고 해요.

뱀 : (간교하게) 하와, 하나님이 너희에게 동산의 모든 열매를 먹지 말라고 했니?

하와 : (확신하는 목소리로 대변하듯이) 아니, 동산에 있는 나무 열매는 어떤 것이든 먹어도 된다고 하셨어. 다만, 동산 가운데에 있는 (한 곳을 가리키며) 저 나무 열매는 만지지도 말라고 그러셨어. 만일 그랬다가는 죽을 거라고 하셨어.

뱀 : (간교하게) 과연 그럴까? 저 열매를 먹는다고 절대 죽지 않아. 오히려 열매를 먹기만 하면 너희의 눈이 밝아질 거야. 그렇게 되면 무엇이 좋고 무엇이 나쁜 일인 줄 분간할 수 있게 된단다. 다시 말해서 너희도 하나님처럼 될 수 있는 거야. 하나님도 이걸 아시기에 저 열매는 손도 대지 말라고 엄포를 하신 것뿐이야.

하와 : 어? 그러고 보니, 정말 먹음직스럽다. 너무 탐스럽다. 그래, 저 열매를 먹으면 정말 뱀, 너의 말처럼 지혜로워질 수 있을 것 같아.

하와는 하나님처럼 되고 싶다는 마음과 맛있는 것을 먹고 싶다는 욕심을 뿌리치지 못하고 탐스럽게 익은 열매를 하나 따서는 먹어버렸어요. 그리고 아담에게 그 열매를 주었어요. 아담도 열매를 먹었지요. 그러자 아담과 하와는 자기들이 벌거벗은 줄을 알게 되어서 무화과 나뭇잎을 엮어 몸을 가렸고, 하나님이 무서워서 숨어버리고 말았어요.

하와는 하나님처럼 되고 싶다는 마음과 맛있는 것을 먹고 싶다는 욕심을 뿌리치지 못하고 탐스럽게 익은 열매를 하나 따서는 먹어버렸어요.

저녁이 되자 하나님이 아담을 찾으셨어요. 그런데 아담은 하나님에게 가지 못하고, 나무들 사이에 몸을 숨기고 나오지 않아요. 얼마 전까지만 해도 하나님이 아담을 찾으면, "네, 제가 여기 있어요. 하나님!"하

고 자신 있게 나왔던 아담이, 지금은 숨는 사람이 되어 버렸어요. 그리고 결국 에덴동산에서 눈물을 흘리며 쫓겨나고 말았어요.

왜일까요? 맞아요, 먹지 말라는 선악과를 먹는 불순종을 범했기 때문이에요. 그런데 도대체 그렇게 관계가 좋던 아담이 이런 잘못을 저지르게 된 이유가 뭐예요? 뱀의 말을 들었기 때문이에요. 요한계시록 12장

9절에 보니까, 뱀을 사탄이라고 했어요. 사탄의 말을 들었기 때문에, 사탄의 유혹에 넘어갔던 거예요.

아담과 하와는 분명히 선악과를 먹지 말라는 하나님의 명령을 잘 알고 있었어요. 그럼에도 불구하고 유혹의 말을 듣고 그 말을 따랐기에, 하나님의 말씀을 어기게 된 것이지요.

그런 사탄이 아담과 하와에게만 찾아올까요? (아니요.) 맞아요, 우리에게도 찾아와요. 그것도 몇 달 만에 한 번도 아니고, 너무 자주자주 찾아와요. 그러면 사탄은 우리의 어디를 공격할까요? 머리? 옆구리? 발

가락? 얼굴? 사탄의 강력한 무기는 우리의 가장 깊은 곳을 노려요. 상처를 입으면 아주 아프고 치명적인 곳이에요. 어딜까요?

"모든 지킬 만한 것 중에 더욱 네 마음을 지키라. 생명의 근원이 이에서 남이니라(잠 4:23)." 그래요, 바로 마음이에요. 사탄이 우리 마음을 우리보다도 더 잘 지켜보고 있어요. 그래서 우리가 잠깐 한눈을 팔면 사자처럼 노려보고 있다가 달려와서 우리를 유혹하고 우리 마음에 죄

의 씨앗들을 뿌려놓아요.

우리에게 자주 드는 유혹의 마음들을 돌아볼까요? 분명히 잘못된 것인 줄 알면서 내 마음이 자꾸 나쁜 쪽으로 갈 때는 지금 내 마음을 사탄이 노리고 있구나 생각해 봐야 해요.

여러분에게는 어떤 마음들이 있나요? (어린이들의 이야기를 잘 들어준다.) 그래요, 여러분에게 그런 마음이 든다는 것은 전도사님도 알고 있어요. 그리고 그 마음을 이기는 것이 얼마나 힘든 줄도 알아요. 전도사님도 여러분만 할 때 그런 생각이 들었던 적이 있거든. 그때마다 전도사님이 효과를 봤던 말이 있는데 여러분도 따라해 보세요.

"아니, 사탄! 나는 너의 속임수에 넘어가지 않을 거야. 그러니까 당장 없어져 버려." 그렇게 해서 사탄의 유혹을 하나하나 물리쳤더니 전도사님은 효과를 좀 봤어요. 어떤 효과냐고요? 바로 사탄은 멀어지고 하나님과 내가 가까워졌어요. 짜증도 덜나고, 옛날에는 하기 싫었던

일도 이젠 즐겁게 할 수 있게 되었어요. 전도사님이 효과를 봤던 것처럼 이 말씀을 들은 여러분도 꼭 이렇게 그 마음들을 물리쳐서 효과를 봤으면 좋겠어요.

하지만 하와와 아담은 이 방법을 몰랐나 봐요. 사탄의 유혹에 홀라당 넘어가서 하나님이 하지 말라고 분명히 얘기했던 선악과를 따먹고, 하나님을 피해서 숨어버리고, 심지어는 하나님께 거짓말도 했어요. 그래서 결국 인류 최초의 인간이었던 아담과 하와는 동산 밖으로 쫓겨났고 그동안 하나님과 대화를 나눌 수 있었던 인간은 하나님과는 영영 얼굴을 보지도 못하고, 직접 하나님께 나아가 얘기할 수도 없게 되었어요. 이렇게 하나님과 멀어지게 만든 인간의 죄를 어려운 말로 '원죄'라고 하고, 아직까지도 사람들은 하나님과 가까워지기보다는 우리가 좋아하는 죄들을 좇아다니고 있답니다.

그럼 하나님을 믿는 우리 어린이들은 어때야 할까요? "원래 인간은 죄를 좋아하게 되어 있어." 하면서 사람들이 하는 대로 자기가 좋아하는 일들만 하면서 살아야 할까요? (아니요.) 그래요. 믿는 어린이들이 할 수 있는 최고의 것은 항상 '하나님이 무엇을 더 좋아하실까?' 하고 다시 한 번 하나님 입장에서 생각하고 행동하는 거예요. 우리 모두 자기 욕심에 빠지지 않고 하나님을 기쁘시게 하는 사람이 되어서 아담과 하와가 저지른 죄를 짓지 않기를 바랍니다.

03
[파워포인트 설교]

너 때문에? 나 때문에!

배울말씀 : 창세기 4:1~15

오늘은 여러분이 잘 아는 가인과 아벨의 이야기를 하려고 해요. 아담과 하와가 에덴동산에서 쫓겨난 후에 두 아들을 낳았어요. 바로 가인과 아벨이었어요.

가인은 농사를 지었고요, 아벨은 양치는 목자였대요. 시간이 지나서 가인은 가인대로, 아벨은 아벨대로 각자 자신들이 얻은 열매를 가지고 하나님께 드렸어요. 그런데 하나님은 형인 가인의 것은 받지 않으시고,

동생 아벨의 것만 받으시네요. 하나님께서 왜 아벨의 제사는 기쁘게 받으시고, 가인의 제사에는 그렇지 않으셨을까요?

똑같은 형편에서, 똑같은 마음으로 드렸는지 안 드렸는지 우리는 알 수 없지만, 히브리서에 보니까 바울 선생님은 이 사건을 성경을 통해 보시고, 가인이 믿음으로 제사를 드리지 않았기 때문(히 11:4)이라고 하셨어요.

믿음으로 제사를 드리지 않았다는 것은 이런 뜻이랍니다. 여러분이 부모님께 선물을 드리면서 "아빠, 엄마, 이거 제 선물인데요. 받으려면 받고 말려면 마세요."하고 드린다면 기분이 좋으실까요? "뭐, 선물이 그

믿음으로 제사를 드리지 않았다는 것은 이런 뜻이랍니다.

러니?"하고 언짢아하실 거예요. 반대로 "엄마, 아빠, 이거 제가 드리는 선물인데요. 보잘것없고, 맘에 안 드시더라도 꼭 받아 주세요!" 그러면 "아무렴, 우리 아들이, 우리 딸이 주는 선물인데…. 고맙다!"하시며 기쁘게 받아 주시겠죠?

바로 이거예요. 선물도 중요하지만, 선물보다 더 중요한 것은 마음이거든요. "받으려면 받고,

말려면 마시오."하고 드리는 것과, "꼭 받아 주세요."하고 드리는 것은 다르지 않겠어요? 성경에 가인의 마음이 이랬고, 아벨의 마음이 저랬다고는 나오지 않아요. 하지만 굴뚝에 연기가 나는 것은 아궁이에 불을 땠다는 증거 아니겠어요? 무엇인가 하나님께서 반기시지 않을 만한 이유가 가인에게 있었다고 봐야겠지요.

아무튼 이유를 분명히 알 수는 없지만, 하나님께서 가인의 제사를 받지 않으셔서 가인은 화가 났어요. 하나님께서는 가인이 '하나님께서 왜 나의 제물은 받지 않으셨을까?' 깊이 고민하며 자기 잘못을 알기를

원하셨지만, 가인은 그 화로 인해 동생 아벨을 죽이는 형이 되고 말았어요.

여러분, 우리가 한 가지 기억해야 할 것이 있어요. 화가 난다고 바로 화를 내면, 오히려 내게 그 화가 돌아와요. 화나는 일이 있으면 먼저 왜 그런지, 왜 이런 일이 일어났는지를 차분히 생각해야 해요. 우리 친구들은 지금부터 그런 연습을 하세요. 그래서 당장 화가 난다고 주먹이 날아가는 것이 아니라, 입술에서 막 욕이 나오는 것이 아니라, 한 번 더 생각해 볼 수 있게 깊은 한숨을 쉬는 거예요. 그러면 이해되고, 분을 내려놓게 되는 일이 참 많답니다. 우리 한번 깊은 한숨을 들이마셨다가 내쉬어 볼까요?

자, 아무튼 가인은 그렇게 바로 화가 나서 그 화를 참지 못하고 결국은 동생을 죽이는 살인자가 되었어요. 그로 인해 하나님의 엄청난 벌을 받게 될 위기에 처해요.

하지만 다행히도 가인은 뒤늦게라도 깨닫고 돌아서서 자신의 잘못이 얼마나 큰 것인지를 알게 되지요. 그런 그에게 하나님은 자비를 베푸셔서, 떠도는 유랑신세를 면하여 주시고, 놋이란 땅에서 살도록 하셨어

요. 비록 하나님의 벌을 면했지만, 동생을 죽인 죄책감은 평생 그를 따라다녔을 거예요.

우리는 가인의 모습을 보며 또 한 가지 중요한 것을 깨달을 수 있어요. 가인은 '너 때문에' 라고 생각했을 때 한 식구인 동생을 죽이는 엄청난 죄를 저지르게 되었고, 또 그것이 죄인지도 깨닫지 못하고는 "동생이 어디 있느냐?"고 물으시는 하나님 앞에 "내가 동생을 지키는 사람이냐."고 큰 소리를 쳤어요. 하나님은 이런 가인을 땅에서 저주를 받아 유랑하며 살도록 벌하셨지요. 그런데

그 벌 이후 가인은 스스로를 돌아보게 되었고, 결국 '나 때문에'라고 생각했을 때 비로소 자신이 저지른 일을 바라보고, 죽을 수밖에 없는 엄청난 죄를 저질렀음을 깨닫게 되었어요. 그리고 하나님께 진심으로 회개를 해요. 그때 비로소 하나님은 이런 가인을 보호하시겠다고 약속하시고 품어 주셨을 뿐만 아니라, 거할 수 있는 땅과 번성할 수 있는 복을 허락하신 거예요.

여러분, 슬기로운 사람일수록 자기에게 일어나는 모든 일이 다른 사람 때문이 아니라 바로 '자기 탓'이라는 걸 잘 알지만, 어리석은 사람일수록 모든 것을 '다른 사람 탓'이라고 생각하는 거예요.

우리나라 속담에 "잘 되면 자기 탓이요, 안 되면 조상 탓"이라는 말이 있어요. 우리는 모두 가인과 비슷해요. 무슨 나쁜 일이 생기면 우선 자기를 반성하기보다 다른 사람에게 그 탓을 돌리려고 해요. 이런 생각이 내게 있는 한 끊임없이 싸울 수밖에 없어요. 서로 미워할 수밖에 없어요. 그래서 이 마음들이 나아가면 결국 서로 죽고 죽이는 전쟁을 하게 되는 것이지요.

교회나 학교, 가정에서도 우린 이런 가인 같은 죄를 종종 저질러요. 선생님이 떠든 것에 대해 혼을 내면, 저 친구가 먼저 말을 걸었다고, 장난을 쳐왔다고 핑계대기 바빠요. 그런데 다시 생각해 보면, 그 친구가 말을 걸어오든, 장난을 쳐 오든 대꾸하지 않고 예배드리거나 공부했다면 어떻게 되었을까요? 또 동생과, 아니면 형, 누나, 언니, 오빠와 놀다가 갑자기 싸울 때가 있어요. 그로 인해 엄마에게 혼이 나면, 동생이, 형, 누나, 언니, 오빠가 놀던 것을 빼앗아 가서, 방해해서 그랬다고 할 때가 많아요. 그럴 때, 나는 동생에게 아니면 윗사람에게 양보해 줄 수는 없었나요?

이렇게 모든 일을 바라보면 '내게' 잘못이 있는 거예요. 기억하세요. 내가 아니라 '너 때문에'라고 생각할 때 미움이 싹트고, 싸움이 벌어지고, 결국은 서로를 죽이는 전쟁이 일어난답니다.

우리 손가락으로 잘 하는 것 있지요? "너 때문이야!"하면서 친구들을 손가락으로 가리켜 볼까요? ("너 때문이야!"라고 하며 상대를 둘째손가락으로 가리키게 한다. 나머지 손가락은 자연스럽게 자신을 가리킨다.) 여러분이 잘 알듯이, 지금 한 손가락은 상대 친구를 가리키고 있지만, 세 손가락은 나를 가리키고 있지요? 늘 이 원리를 기억하세요. 모든 일은 남보다 내 잘못이 더 크다는 사실을 기억하고 살면 절대 후회하지 않을 거예요. 자, 우리 친구들은 가인처럼 '너 때문에'가 아니라, '나 때문에'란 사실을 한 번 더 생각함으로 잘못된 길로 빠지지 않게 조심하며 살아요.

가인처럼
"너 때문에"가 아니라,
"나 때문에"란
사실을 한 번 더 생각함으로 잘못된 길로 빠지지 않게 조심하며 살아요~!

[파워포인트 설교]

한 사람의 소중함

배울말씀 : 창세기 6:5~22

오늘은 노아 할아버지 이야기를 해 보기로 해요. 창세기 6장 5~7절에 보니까, 하나님께서 "야, 보기 좋구나."하시며 기뻐하신 창조 때와는 달리, 하나님께서 매우 마음 아파하시면서 후회하고 계시네요. 왜 그럴까요?

사람들이 세상에서 많은 잘못을 저지르고 있었기 때문이에요. 5절에 보니까 "그의 마음으로 생각하는 모든 계획이 항상 악할 뿐임을 보시고"라고 하셨어요. 얼마나 잘못하고 있었으면, 생각하는 모든 것이 악할까요? 무분별하게 자연을 파괴하고, 자기 욕심을 위해 서로를 마구 짓밟았나 봐요. 그런 사람들을 보시고 하나님께서 후회 정도가 아니라 한탄을 하셨어요.

그래서 하나님은 모든 것을 쓸어버릴 계획을 세우셨어요. 일명 '홍수 프로젝트!' 비를 많이 내리게 해서, 모든 세계가 물에 잠기게 함으로 땅과 함께 사람도, 동물도 모두 죽게 하실 계획이셨어요.

그런데 그 홍수 프로젝트에서 제외된 사람이 있었어요. 바로 노아 할아버지였어요. 왜 노아 할아버지가 제외되었을까요? 제비를 뽑아서 당첨되었나요? 9절에 보니까, 노아 할아버지는 완전한 사람이래요. 어떻게 사람이 완전할 수가 있지요? 절대 그럴 수 없을 거예요. 그런데 8절을 보니까, 노아 할아버지가 하나님의 은혜를 입었대요.

바로 이거예요. 하나님의 말씀대로 살아가는 사람, 그래서 하나님의 은혜로 살아가는 사람이 이 땅의 완전한 사람이 되는 거예요. 그가 바로 하나님의 일을 감당하는 사람이 되는 거예요.

> 하나님의 말씀대로 살아가는 사람,
> 그래서 하나님의 은혜로 살아가는
> 사람이 이 땅의 완전한 사람이
> 되는 거예요.

하나님은 노아를 통해 커다란 배를 만들게 하셨어요. 대충 지금의 크기로 생각해 보면 길이만도 130m가 넘고, 넓이가 20m가 넘으며,

높이가 13m 정도 되는 엄청난 3층짜리 배였어요.

생각해 보세요. 지금처럼 중장비가 있는 것도 아니고, 톱기계가 있는 것도 아닌데, 그 엄청난 배를 만들려면 얼마나 많은 시간을 들이고, 얼마나 많은 땀을 흘렸겠는지…. 그렇지만 노아는 그 일을 하지 않겠다고 한 것이 아니라, 그대로 준행했다고 했어요. 여러분에게 맡겨진 일이 있을 때, 그 일을 하기 싫을 때도 있을 거예요. 하지만 그 일을 잘 감당할 때, 또 다른 기쁨이 있다는 것을 늘 기억하며 맡겨진 일을 잘 감당하는 사람들이 되세요.

자, 오랜 세월 후 그 배는 완성되었고, 그동안 기다리셨던 하나님은 40일 동안 밤낮 비를 내리셔서 산꼭대기에 있던 배가 둥둥 떠다니게 하셨어요. 얼마나 비가 많이 왔는지, 150일 동안 땅에 물이 고여 있었다고 성경이 증거하고 있어요.

마침내 물이 다 사라지고 땅에 다다랐을 때, 배에서 나온 노아와 그 식구들은 어땠을까요? "야, 우리만 살았다"하고 좋아했을까요? 처참한 물난리로 인해 죽은 세계를 보고, 다시 한 번 무거운 책임을 느꼈을 것 같아요. 그래서 하나님께 가장 먼저 한 것이 바로 예배였어요.

여러분, 잘 들으세요. 잘못은 사람이 했는데, 하나님께서는 그 사람으로 인해 동물, 식물 모든 세상의 것을 다 쓸어버리셨어요. 이는 다른 말로 말하자면, 나 한 사람으로 인해 죽을 수 있는 것이 얼마나 많고, 또 나 한 사람으로 인해 살 수 있는 것이 얼마나 많은지를 보여 주신 사건이에요.

여러분, 지금 우리가 살고 있는 지구는 사람들로 인해 다시 한 번 아파하고 있어요. 지구의 둘레에서 햇빛의 직접적인 빛을 걸러 주는 오존이란 층이 있는데요, 우리가 타고 다니는 자동차의 매연으로 그 오존층이 뚫리고 있대요. 공장에서, 가정에서, 학교에서 어디라도 사람이 모인 곳에서 흘러나오는 음식물 찌꺼기와 폐수 때문에 예전에 있

었던 많은 동식물들이 멸종되고 있어요. 모두 사람의 잘못으로 그렇게 된 거예요.

이것을 예전의 모습으로 돌이킬 수 있는 방법은 무엇일까요? 이 땅에서 사람만 '뿅' 하고 사라지면, 다시 예전의 모습이 될 수 있을 것 같아요. 그러나 그렇게 할 수는 없지요. 대신 여러분 한 사람, 한 사람을 통해서 그 아름다운 세계를 다시금 만들 수 있어요.

노아 할아버지 한 사람으로 인해 가족 일곱과 모든 짐승이 한 쌍씩 살아남게 되어 인류의 세계가 이어진 것처럼, 여러분 한 사람 한 사람의 생각으로 세상이 바뀔 수 있어요. 아담 한 사람이 하나님 뜻을 어겨서 땅 위에 사는 모든 사람이 죄악으로 가득해 죽게 된 것을, 노아 한 사람이 하나님의 뜻을 받들어 섬긴 덕분에 하마터면 지구에서 사라질  뻔 했던 인류가 살아남은 것처럼, 여러분 한 사람 한 사람으로 인해 지구가 살아날 수 있어요.

사람들이 산이나 바다에 놀러가서 쓰레기를 마구 버릴 때, 나는 어떻게 해야 할까요? '나 한 사람이 안 버린다고 깨끗해지겠어? 이 더러운 쓰레기를 가지고 다니면 나만 바보 되는 거지. 버리자.' 이렇게 해야 할까요? 아니면 '나만이라도 버리지 말자.' 라고 생각해야 할까요? 그래요, '나만이라도 지키자.' 라고 결심하고 행동에 옮기면 돼요.

노아 할아버지가 혼자 그 엄청나게 큰 배를 산꼭대기에 만들고 있을 때는 마치 바보 같아 손가락질 당하고 놀림을 당하였어도, 노아 할아버지가 그 일을 준행, 즉 행동으로 옮김으로 인류의 생명이 이어짐을 보았어요. 마찬가지로, 남들이 생각하기에 우리의 모습이 비록 바보 같더라도 결심하고 행동에 옮길 때, 이 땅이 살아날 수 있을 거예요.

그렇다면 남들은 하지 않더라도 나만이라도 할 수 있는 일들에는 어떤 것이 있을까요? 학교에서는 점심 식사를 남기지 않고 다 먹어 음식물쓰레기를 줄이고, 집에서는 양치질할 때 필요한 만큼 컵에 물을 담아 양치를 하고, 머리 감을 때도 샴푸나 비누칠을 조금씩만 하고 물을 받아서 쓴다면, 여러분의 바른 행동으로 세상이 변화될 수 있어요.

'나 하나쯤 어때?' 하고 길에 슬그머니 쓰레기를 버리는 사람이 아니라, 나만이라도 그런 사람이 되지 않겠다고 단단히 마음먹고 하나님 앞에서 떳떳하게 살아가는 사람이 바로 노아 할아버지처럼 사는 사람이에요.

우리가 잘 아는 바울 아저씨가 이런 말을 했어요. "여러분은 이 세상 사람들의 행동이나 관습을 본받지 마십시오. 그보다는 생각이나 행동으로 새로워져서 딴 사람이 되십시오. 그렇게 되면 하나님의 방법이 실제로 얼마나 행복을 가져다 주는 것인가를 여러분의 경험을 통해서 알게 될 것입니다."(롬 12:2, 현대어 성경)

우리가 하나님의 말씀대로 이 땅을 아끼며 가꾸는 사람으로 살아갈 때, 노아 할아버지 같은 소중한 사람들이 될 수 있을 거예요. 그런 기쁜 날이 찾아 올 것임을 기대하며, 포기하지 않고 바르게 사는 하나님의 자녀들이 되어요.

[파워포인트 설교]

하나님의 뜻, 사람의 뜻

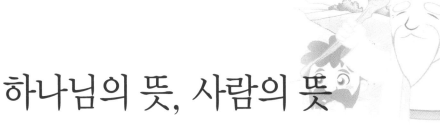

배울말씀 : 창세기 11:1~9

"올려!" "알았어!" "물이 더 필요해, 벽돌도 더 필요해!" "지금 올라가고 있어." 사람들이 모여서 구슬땀을 흘리며 열심히 일을 하고 있네요. (한 손을 눈 위에 대고 높은 곳을 보듯 말한다.) 와, 굉장히 높은 탑을 쌓고 있는 중이에요. 보기에도 참 멋지네요. 이 정도 높이라면 얼마 안 가서 하늘에 닿을 만하겠어요. 정말 굉장한 높이예요.

(반전의 목소리로) 어? 순조롭게 일이 잘 진행되고 있는데, 갑자기 이상한 일이 벌어졌어요. "좋아, 벽돌이 더 필요하다. 올려 보내!" "잉? 무슨 소리야. 너 뭐라고 혼자 말했어?" "야, 벽돌이 필요하다니까 역청을 가져

오면 어떻게 해?" "이 친구, 뭐라는 거야?" "이건 물이잖아. 벽돌을 가져오라니까!" "야, 이 친구 말이 왜 이래? 무슨 소리야?" 여기저기 작업현장에서 난리가 났어요. 급기야 싸우기까지 하네요.

이유는 상대편이 뭐라고 말하는지 알아들을 수가 없게 되어서였어요. 신기한 것은 간혹 서로 말을 알아들을 수 있는 사람들이 있었어요. 그 사람들끼리 모여 이 이상한 일에 대해 이야기했어요. "도대체 이게 어떻게 된 겁니까?" "모르겠어요, 저 친구들 이상한 말만 해요." "저 친구들은 더 이상한 말을 해요." "뭐가 어떻게 된 건지 모르겠네."

서로 우왕좌왕하다가, 결국 일을 멈추고는 말이 통하는 사람들끼리 모여 각자의 길로 흩어져 버렸어요. 이제 그 탑에는 더 이상 시끄러운 연장소리나 활기찬 사람들의 모습은 보이지 않아요. 성경에 보니까 하나님께서 그들의 말을 서로 다르게 하셔서 통하지 않게 하시고, 흩

으셨다고 기록하고 있네요. 그러니까 이 흩어지게 하신 분이 누구예요? 그래요, 하나님이세요.

그러면 우리 처음부터 이 이야기를 다시 생각해 봐요. 사람들이 열심히 땀을 흘리며 일을 했어요. 서로 헐뜯고 미워한 것이 아니라 도와가며, 열심히 탑을 쌓았어요. 그런데 갑자기 하나님께서 사람들의 말을 어지럽게 하셔서 흩어 놓으셨어요. 왜 그랬을까요? 열심히 일하는 사람들의 모습이 싫어서 훼방 놓으신 것인가요?

6절 말씀에 보니까, 하나님께서 이렇게 말씀하셨어요. "도대체 어쩌려고 인간들이 이러는가? 이들이 모두 한 민족인데다가 또 말도 똑같이 쓰고 있구나. 인간들이 이런 것을 만들어 내는 것을 보니 이제 마음만 먹으면 못할 것이 없겠구나(현대어 성경)."

하나님은 왜 사람들을 흩어 놓으셨을까요?
창세기 11장 6절
도대체 어쩌려고 인간들이 이러는가? 이들이 모두 한 민족인데다가 또 말도 똑같이 쓰고 있구나. 인간들이 이런 것을 만들어 내는 것을 보니 이제 마음만 먹으면 못할 것이 없겠구나.

창세기 11장 4절
자, 함께 도시를 건설하자. 또 하늘까지 닿는 망대를 세우자. 그래서 우리 이름을 좀 날리고 서로 흩어지지 않도록 하자.

도대체 사람들이 뭐라고 했기에 이렇게 걱정이 많으셨을까요? 4절 말씀에 보니까, 사람들이 이렇게 말하네요. "자, 함께 도시를 건설하자. 또 하늘까지 닿는 망대를 세우자. 그래서 우리 이름을 좀 날리고 서로 흩어지지 않도록 하자(현대어 성경)."

하나님과 사람들이 말한 내용의 차이가 보이나요? 사람들은 흩어지지 않기 위하여 탑을 쌓게 된 것이고, 하나님은 흩어지게 하기 위해 사람들의 말이 통하지 않게 하신 것이었어요.

창세기 1장 28절을 보면, 하나님은 우리에게 두 가지를 말씀하셨는데, 하나는 하나님의 세계를 잘 관리하는 것, 또 하나는 생육하고 번성하여 땅에 충만해지는 것이에요. 그 말씀대로 충만함을 통해 우리가 창조주 하나님께 영광을 돌리는 것이지요. 그런데 사람들은 흩어지지 않고, 모여 사는 곳을 만들고, 그 힘을 모아 자신의 이름을 날리고, 나아가 하늘에 닿게까지 탑을 쌓아서 하나님과 같아지려 했어요. 사람들은 하나님의 말씀을 까맣게 잊어버리고는 함께 뭉치면 못할 일이 없다고 생각하고 모든 일을 계획하고 실행한 것이지요.

그들은 돌을 대신해서 벽돌을 만들고, 진흙을 대신해서 역청을 바르는 등 엄청난 기술을 발전시켰어요. 그리고 그 기술로 거대한 작품인 탑을 만들어 자신들의 이름을 온 천하에 널리 알리려 했어요. 하나님은 이것을 보시고 큰일이라 생각하시고는 언어를 뒤섞으셔서 흩으신 것이지요.

그러면 여러분, 기술을 발전시키고, 높고 웅장한 탑 쌓는 일이 왜 큰일이었을까요? 그것은 바로 하나님의 말씀을 기억하지 못하고, 자신들의 힘을 합쳐 하나님보다 더 높아지려 했던 그 사람들의 어리석은 마음 때문이었어요.

물론 어떠한 일이든, 그 일을 할 수 있는 기술과 힘이 필요해요. 그래서 우리는 그러한 기술의 실력을 갖추기 위해 공부하며, 시간과 물질을 투자하는 거예요. 그런데 여기서 반드시 기억해야 할 것은, 우리가 갖추어 가는 기술이, 우리가 함께해서 힘을 키우는 것이, 자칫 하나님과 상관없

이, 하나님의 뜻과 반대되는 목적으로 사용
될 수 있다는 거예요. 그것은 헛된 바벨탑
과 같은 거예요.

   공부를 잘하는 것은 자랑할 만해요. 그
런데 내가 잘나서 공부 잘한다고 생각하고 남을 업신여기면, 하나님은 그 공부 잘하는 지혜를 빼
앗아 가실 거예요. 또 힘이 세다는 것도 자랑할 만해요. 그러나 그 힘을 가지고 남이 자기를 높여
주기를 바라는 마음에 마구잡이식으로 사용한다면, 하나님은 어떠한 모습으로든 그 힘을 빼앗아
가실 거예요.

   마찬가지로 우리는 단결이라는 힘이 있는데, 우리가 힘을 모아 한 친구를 왕따 시키고, 힘을 모
아 친구의 돈을 빼앗는다면 이것은 옳지 않은 힘이 되는 거예요. 반대로 힘을 모아 왕따 된 아이와
친구가 되어 주고, 힘을 모아 어려운 친구를 도와준다면 이것이 바로
하나님의 말씀대로 사는 모습이겠지요. 힘을 모아 조폭이 되는 것과,
힘을 모아 연탄이 배달되지 않는 곳에 연탄을 날라 주는 것, 하나님께
서는 어떤 것을 기뻐하실까요? 똑같은 힘이 있지만, 하나는 하나님이
흩어 놓으실 헛된 힘이고, 또 하나의 힘은 하나님이 기뻐하실 귀한 힘
이 되는 거예요.

   여러분에게 어떤 힘이 있기를 바라세요? 여러분은 둘 다 가질 수 있어요. 하지만 분명한 것은
우리가 하나님의 말씀들을 잊어버리지 않을 때, 귀한 힘을 가지고 살아
갈 수 있게 되는 것이에요.

   자, 멈추어진 바벨탑을 기억하면서 하나님께서 여러분에게 주신 지
혜와 힘을 늘 하나님의 말씀대로 나누며 살아가는 지혜로운 친구들이
되어요.

멈추어진 바벨탑을 기억하면서
하나님께서 여러분에게 주신
지혜와 힘을 늘 하나님의
말씀대로 나누며 살아가는
지혜로운 친구들이 되어요.

아브람, 아브라함

배울말씀 : 창세기 17:1~8

　여러분, 우리가 잘 아는 아브라함 할아버지의 원래 이름은 아브람이었어요. 성경에 보니 아브람이란 '존귀한 아버지' 란 뜻이고, 아브라함은 '여러 민족(열국)의 아버지' 라는 뜻이에요. 이름을 통해 한 가지 추측해 보자면, '아브람' 이 '아브라함' 됨으로 더 커다란 그릇이 된 것 같아요. 귀한 아버지에서 열국의 아버지가 되었으니까요. 하나님께서 앞으로는 세계 민족의 아버지인 아브라함에게 많은 것을 약속하시고, 계획하시려는 것 같아요.

　그런데 여러분, 왜 하나님은 아브람을 불렀던 그때 이런 약속을 해 주지 않으셨을까요? 창세기 12장에서 아브람을 처음 부르시고 약속하실 때 큰 민족을 이루게 하고, 복이 되게 하겠다고 약속하실 때, 왜 아브람의 이름을 바꿔 주지 않으셨다가, 오랜 시간이 흐른 뒤 그의 이름을 바꿔 주셨을까요?

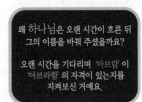

　여러분, 이렇게 생각해 봐요. 처음 만난 사람과 일을 시작하는데, 바로 중요한 일을 맡길 수 있겠어요? 어떻게 하는지, 이 사람이 어떤 사람인지, 시간이 흐르면서 파악이 되고, 사귀게 되면 비로소 믿고 맡기게 되겠지요. 마찬가지로 하나님도 그를 부르시자마자 맡기신 것이 아니라, 부르신 후에 오랜 시간을 기다리며 '아브람' 이 '아브라함' 의 자격이 있는지를 지켜보신 거예요.

　창세기 12장에서 하나님이 부르실 때 아브람의 나이는 75세(창 12:4)였고, 그를 다시 불러 새로운 이름을 통해 약속하실 때의 나이는 99세(창 17:1)였어요. 그러니까 24년이라는 오랜 시간 동안 하나님은 아브람에게 기대하며 하나님의 계획을 이끌어 갈 수 있는 사람으로 다듬으신 것이고, 아브람은 그 하나님의 계획만을 바라보며 그 말씀대로

살아가려고 애쓴 사람이었던 거예요.

하지만 아브람은 언제나 완벽하지는 못했고, 때로 실수도 했답니다. 흐르는 시간 동안 자식이 생기지 않아 아브람 할아버지는 조바심을 내어 실수로 이스마엘을 낳았어요. 그로 인해 어려움을 겪기도 하지요. 그런 실수투성이 아브람이었지만, 그는 하나님이 자신을 불러 약속하셨던 말씀만은 잊지 않고 살았어요.

그렇게 24년이란 시간이 흘러, 아브람의 나이 99세, 사라의 나이 90세가 되었어요. 99세의 할아버지와 90세의 할머니가 아기를 낳을 수는 없으리라고 생각하여 두 사람은 아기를 포기했던 것 같아요. 그래서 하나님께서 자식을 주겠다고 다시 약속하실 때, 아브람이 속으로 웃으면서 하나님께 정중히 말씀드려요. "하나님, 지금 잘 자라고 있는 이스마엘이나 건강하게 지켜 주세요." 그런 그들에게 하나님은 아예 이름까지 주시면서, 기한까지 주시면서 아들을 낳을 것이라고 약속하세요. 그렇게 낳은 아이가 바로 이삭이었어요.

아브람이 어땠을까요? 자식을 주시겠다는 그 약속이 이제는 도저히 불가능하다고 생각했을 때, 하나님은 그들에게 귀한 자식을 주셨어요. 그리고 이름까지 '열국의 아버지'라는 이름으로 바꿔 주셨어요. 이쯤 되니 우리 하나님 신뢰할 만해요, 안 해요? '아이 참, 하나님은 더 건강하고 젊을 때 아이를 주셨으면 얼마나 좋았을까' 하는 생각이 드나요? 아쉽지만 우리 한번 생각해 봐요. 어른 남자와 어른 여자가 만나면 무조건 아이가 생기나요? 그렇지 않아요. 아무리 노력해도 얻지 못하는 사람들이 참 많아요. 병원 기술이 발달해서 시험관 아기도 낳을 수 있지만, 그래도 아기가 생기지 않는 사람들이 참 많아요.

우리가 아브람 이야기를 통해 기억할 것이 있어요. 생명은 우리의 힘으로 할 수 있는 것이 아니라, 하나님이 주시는 복이란 사실이에요. 아브람이 아무리 노력해도 되지 않음을 알고 거의 포기했을 때 하나님이 그 약속을 허락하시고 이루셨어요. 이로 인해 아브람은 하나님이 주신 약속은 자기가 할 수 있는 것이 아니라 하나님께서 허락하셔야만 가능함을 깨닫게 되었답니다.

어때요, 비록 긴 시간이었지만 24년 동안 약속에 대한 꿈을 꾸었고, 실수도 했지만 열심을 다해 살아 왔고, 이제는 하나님의 일을 자신이 하는 것이 아님을 깨닫게 된, 그래서 하나님을 전적으로 신뢰하는 아브람을 아브라함이라고 불러도 될까요? 또 아브라함이라는 큰 그릇이 되도록 준비시키시며 기다리신 하나님의 마음도 느낄 수 있나요?

여러분이 24년 후면 어떻게 되어 있을까요? 하나님의 커다란 약속을 이어갈 수 있을 만큼의 그릇이 되어 있을까요? 하나님은 여러분을 부르시려고 기대하며 기다리고 계신답니다.

그런데 한 가지, 그런 기대 속에 우리가 잊지 말아야 할 것이 있어요. 모든 일은 내가 잘나서 하는 것이 아니라는 거예요. 내가 공부를 잘해서 하나님이 쓰시는 것이 아니라, 내가 잘 생겨서 하나님이 쓰시는 것이 아니라, 하나님의 약속을 믿고 열심을 다할 때 하나님께서 쓰시는 거예요.

그러니 공부 좀 잘한다고, 얼굴이 남보다 조금 더 잘났다고 자랑할 것이 없어요. 아무리 내가 잘났어도, 하나님이 허락하시지 않으면 나는 쓸모없는 존재가 되고 말아요. 아브람도 믿음의 조상이 될 만큼 잘난 부분은 없었어요. 그저 그는 하나님께서 하셔야만 가능한 것임을 깨달았을 뿐인데, 그때 비로소 하나님은 그를 통해 모든 약속의 사역을 펼쳐나가기 시작하신 거예요.

'하나님의 약속'

여러분의 꿈을 선생님은 알 수 없어요. 그리고 여러분을 향한 하나님의 꿈 또한 선생님은 알 수 없어요. 하지만 한 가지, 그 꿈을 위해 지금은 많이 실수하고 넘어져도 돼요. 그 실수로, 넘어짐으로 '나는 안 되나 보다, 나는 구제 불능이야.' 라고 생각하지 마세요. 다른 사람들이 모두 여러분은 할 수 없다고 할 때도, 하나님은 여러분을 향한 기대를 포기하지 않으신다는 사실을 기억하세요. 그리고 여러분이 꾸는 꿈으로 인해 많은 사람들이 복을 받을 것이란 사실을 기대하며 달려가세요. 또한 그 모든 일은 내가 잘나서 되는 것이 아니라, 하나님께서 허락하실 때 이루어질 수 있음을 늘 잊지 않고 살아가세요. 그러면 여러분도 하나님께 놀라운 축복의 아들, 딸로 세움 받을 수 있을 거예요.

선생님을 따라해 보세요. "하나님, / 제가 / 하나님의 / 축복의 통로가 되게 / 써 주세요."

하나님!
제가 하나님의 축복의 통로가 되게 써 주세요~!

한 사람이 소중해요

배울말씀 : 창세기 18:20~19:29

소돔성에 큰일이 생겼어요. 하나님을 잊고 맘대로 살며 온갖 죄를 저지르는 사람들이 너무 많아서 결국 하나님이 그 성을 모두 진멸하시기로 결정하셨어요. 하나님께서는 이 계획을 아브라함에게 말씀하셨지요.

아브라함은 깜짝 놀랄 수밖에 없었어요. 왜냐하면 그곳엔 조카 롯이 살고 있었기 때문이에요. 아브라함은 부랴부랴 하나님 앞에 나아가 기도하기 시작했어요. "하나님, 소돔성을 모두 멸하신다니요. 그곳에 물론 악한 사람도 있지만, 하나님의 말씀대로 사는 사람들도 있잖아요. 그 사람들은 어떻게 하고요. 그들도 다 죽이실 것입니까? 너무 불공평해요. 그곳에 의인이 50명이 있더라도 멸하실 것입니까?" 그러자 하나님께서는 소돔성에서 의인 50명만 찾으면 악한 사람들까지도 다

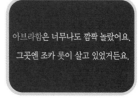

용서해 주겠다고 하셨어요. 그 후 다섯 번이나 계속 간청을 하여, 하나님의 말씀대로 사는 사람 10명만 찾으면 그 성을 멸하지 않기로 했어요.

성경을 연구하는 학자들은 당시 성마다 약 5,000여 명이 살고 있었다고 추측해요. 그렇다면 설마 5,000명 중 10명을 찾지 못할까요? 이 제안을 하나님이 받아들이신 후 아브라함은 어쩌면 '휴~' 하고 안심했을 거예요. 그런데 이게 어찌 된 거죠? 그 많은 사람 중에 의인으로 불릴 10명을 찾

지 못했어요. 그
래서 결국 소돔
성은 유황불의
심판을 피하지
못하고 다 죽고
말았어요.

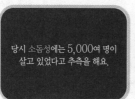

당시 소돔성에는 5,000여 명이 살고 있었다고 추측을 해요.

설마 5,000명 중 10명을 찾지 못할까요?

결국, 10명을 찾지 못해 소돔성은 멸망하고 말았어요.

생각해 보세요. 소돔성에 사는 5,000명 중에서 10명이었어요. 10명만 있었으면 그 성 전체가 사는 거였어요. 5,000분의 10. 즉 500명 중 한 명만 하나님을 바르게 섬겼어도, 그 성은 멸망하지 않았을 거예요. 그런데 그러하지 못했다는 거예요. 이것을 다른 말로 하면 여러분 한 사람이 바르게 신앙생활 함으로 500명이 살 수 있다는 거죠.

"나 한 사람이 길에 침 뱉는다고 어디 티 날까?" "나 한 사람이 휴지 버린다고 더러워질까?" 정답은 "그렇다."예요. 왜냐하면 여러분 한 사람 한 사람의 영향력이 그만큼 크기 때문이에요. 그러니 여러분 한 사람 한 사람이 귀함을 잊지 마세요.

"설마 나 한 사람 때문에…?"

한 사람 한 사람이 왜 소중한 줄 아세요? 바로 축복의 통로가 되기 때문이에요. 하나님은 노아를 통해 생명을 이어가셨고, 아브라함을 통해 믿음의 백성들을 세우셨고, 요셉을 통해 가뭄을 이기게 하셨고, 모세를 통해 출애굽하게 하셨고, 여호수아를 통해 가나안 땅에 들어가게 하셨고, 예수님을 통해 이 세상 모든 사람을 구원하셨어요. 바울과 진실한 제자들을 통해 그 복음이 세상에 전해졌지요.

"설마 나 한 사람 때문에…?"

한 사람 한 사람이 바로 소중한 축복의 통로랍니다.

성경은 한 사람 한 사람이 이처럼 중요하고 소중함을 알려 주고 있어요. 그러니 '나 한 사람쯤이야…' 하는 생각은 절대 가져서는 안 돼요. 오히려 여러분 한 사람 한 사람을 통해 하나님께서 큰일들을 하실 것을 기대하며 살아요.

자, 다시 말씀 이야기를 계속할까요? 창세기 19장 29절에 보니까, 하나님께서 모두가 죽게 된 소돔성을 멸하실 때 아브라함을 생각해서 롯을 구하셨다고 기록되어 있어요. 여러분, 누구 때문에 누가 살았다고요? 다시 말하면 롯의 성품이 좋아서 그를 건져 낸 것이 아니라, 그런 것과 상관없이 아브라함을 생각해서 롯을 건져 내셨다는 거예요.

하나님은 롯의 성품과 상관없이 아브라함을 생각해서 롯을 건져 내셨어요.

아브라함은 롯을 살려달라고 여섯 번이나 하나님께 기도했어요. 그것도 목숨을 걸면서 하나님께 기도를 드렸지요. 그러면 롯이 좋은 사람이라서 아브라함이 그렇게까지 기도했을까요? 사실 롯은 아브라함에게 잘하지 못했어요. 재산이 많아지자 삼촌인 아브라함을 떠났을 뿐만 아니라, 더 좋은 땅을 삼촌

에게 양보하지 않고 자기가 차지한 욕심쟁이였어요. 하지만 그런 조카를 위해 아브라함은 기도했고, 그로 인해 롯이 살게 된 것이랍니다.

여러분 친구들 중에는 못된 짓을 하는 친구들도 있지요? 그 친구만 생각하면 화도 나고, 분한 마음이 드나요? 그런 마음은 이제 버리고, 지금부터 그 친구를 위해 하나님께 기도드려 보세요. 물론 한 번 정도

기도하는 것은 쉬울지 몰라요. 하지만 선생님이 여러분에게 제안하는 것은 한 번, 두 번으로 그치는 것이 아니라, 끊임없이 기도해 주길 바라는 거예요. 아마 여러분의 기도를 통해 그 친구들이 변화될 거예요.

혹시 엄마, 아빠가 아직 예수님을 믿지 않는 친구들이 있나요? 실망하지 말고 기도하세요. 여러분이 엄마, 아빠를 위해 기도할 때 하나님은 여러분의 마음을 헤아려서 엄마, 아빠를 구원해 주실 거예요. 또 아

직 가족 모두가 교회에 나오지 않는 친구들도 있지요? 어떻게 해야 한다고요?

여러분, 내가 바라는 것만을 위해서가 아니라, 이렇게 남을 위해 하나님께 간구하는 기도를 '중보기도'라고 해요. 하나님은요, 아브라함의 중보기도를 통해서 롯을 구하셨고요, 모세의 중보기도를 통해서 이스라엘 백성을 용서하기도 하셨어요. 그리고 성경에서 가장 대표적인 중보자는 바로 예수님이세요. 예수님의 기도로 우리 모두가 용서받

중보기도
↓
남을 위해 하나님께 간구하는 기도

남을 위해 드리는 기도는 헛된 것이 아니에요.
남을 위해 기도해 줄 수 있는 중보자가 되어 보아요~

게 되었답니다. 아직은 잘 모르겠지만, 여러분이 남을 위해 드리는 기도는 헛된 것이 아니에요. 그러니 앞으로 끊임없이 남을 위해 기도해 줄 수 있는 중보자가 되길 바라요.

하나님도 살리고, 아들도 살린 순종

배울말씀 : 창세기 22:1~18

아브라함 할아버지에게 늙어서 얻은 귀한 아들이 있었어요. 얼마나 늠름

하게 자랐는지 모르겠어요. 여러분 정도 되었을까요? 그렇게 하나밖에 없는 아들에게 정을 듬뿍 주며 살고 있는데, 하나님께서 아브라함을 부르시네요. "아브라함아, 네가 사랑하는 그 아들 이삭을 내가 일러준 산으로 가서 번제로 바치거라."

번제는 짐승을 죽이고, 피를 뿌린 후 불로 태워서 하나님께 드리는 제사였어요. 하나님께서는 아브라함이 가장 사랑하고 아끼는 아들, 이삭을 그렇게 하라고 하신 거예요. 아브라함에게 아들을 바치라고 하신 하나님의 말씀은 커다란 결심이 필요한 일이었어요. 그런데 이 감히 상상할 수 없는 하나님의 요구에, 감히 상상할 수 없는 일을 아브라함이 하네요.

그 다음날 일찍, 아브라함은 아들과 나뭇가지들을 가지고 하나님이 말씀하신 산으로 가요. 그 일을 결단하는 데 고심하지 않고, 바로 그 다음날 그 말씀대로 하기 위해 길을 떠나는 거예요. 거의 다 왔는데, 아들 이삭이 물어요.

"하나님께 드릴 제사(번제) 재료는 다 있는데, 불에 태울(번제할) 짐승은 어디 있나요?" 이 말을 들은 아버지 아브라함의 마음이 어땠을까요? 찢어지게 아팠을 거예요. 차마 "바로, 너란다."라고 이야기하지 못했어요. 그러고는 하나님이 말씀하신 산에 도착해서 조용히 이삭과 함께 번제 단을 준비했어요. 자, 이제 남은 것은 사랑하는 이삭을 자기 손으로 죽여 피를 뿌리고 하나님께 불로 태워 드리는 일만 남았어요.

성경에는 그 다음 이야기가 이렇게 기록되어 있어요. "아들 이삭을 꽁꽁 묶어서는 제단 위에 차곡차곡 쌓아 놓은 장작더미 위에 올려놓았다. 그리고 칼을 들어 아들을 제물로 잡으려 했다(창 22:9~10, 현대어 성경)." 여러분, 생각해 보세요. 기록된 말이라 이렇게 짧지, 정말 아브라함이 쉽고 간단하게 이 일을 했을까요? 여러분 아버지가 갑자기 여러

> 아들 이삭을 꽁꽁 묶어서는 제단 위에 차곡차곡 쌓아 놓은 장작더미 위에 올려놓았다. 그리고 칼을 들어 아들을 제물로 잡으려고 했다.
>
> 창세기 22장 9~10절 / 현대어성경

분을 꽁꽁 묶어서 꼼짝도 못하게 하고 칼을 목에 대면, 여러분은 어떻게 할 것 같아요? 아무것도 모르는 아기는 그냥 웃고 있을지 몰라도, 여러분 정도 되면 "아버지, 왜 그래요? 아버지, 저예요. 저란 말이에요. 악! 살려 주세요. 제발 살려 주세요!"하고 외쳤을 거예요.

지금 이삭도 어린 나이에 얼마나 두려웠을까요. 아버지 마음은 또 얼마나 힘들고 비참할까요? 그런데 가장 절박한 그때 그 순간, 하나님이 말씀하셨어요. "아브라함아, 아브라함아!" 성경에 보니까 얼마나 아브라함의 결단이 강했는지, 조금도 주저함 없이 아들의 목을 따려고 칼을 확 올리니까, 하나님이 급하게 부르셨다고 했어요. 그러고는

그 일을 중지하고, 하나님이 준비하신 가시덤불에 뿔이 걸려 꼼짝 달싹도 못하고 있는 주위의 숫양을 가져다가 번제로 드리라고 하셨어요.

그 말씀을 들은 아브라함의 마음을 상상할 수 있겠어요? 이삭은 어떻고요. 두 사람은 정성을 다해 그 숫양을 잡아서 하나님께 감사함으로 번제를 드렸어요. 그러자마자 하나님께서 아브라함을 불러 축복을 주시는데요, 뭐라고 주시는지 들어볼래요?

"네가 그토록 애지중지하는 외아들까지도 아끼지 않고 내게 바쳤으니, 내가 네게 복을 내리리라. 한없이 복을 내리리라. 네 후손이 하늘에서 총총히 빛나는 별처럼 크

게 번성하게 하리라. 네 후손이 바닷가의 모래알처럼 많아지리라. 또한 네 후손으로 말미암아 세상의 뭇 백성들이 복을 받으리라. 이는 네가 내 말을 잘 따랐기 때문이다." 이런 축복을 받는 아브라함도 좋았겠지만, 이렇게 축복해 주시는 하나님 마음이 더 좋으셨을 것 같아요. 여러분, 이렇게 순종은 순종하는 사람에게도 축복이 있지만, 그 명령을 한 하나님께 더욱 기쁨이란 사실을 잊지 마세요.

하나님께서는 약속하신 대로 아브라함에게 그의 아들 이삭을 통해 셀 수 없이 많은 후손들을 보게 하셨고, 이들이 바로 이스라엘 민족이 되었어요.

여러분, 하나님께서는 아브라함이 하나님의 말을 들었다고 그냥 축복하신 것이 아니에요. 생각해 보세요. 아브라함이 그 명령을 지키고자 했을 때 얼마나 많은 마음고생과 어려움이 있었겠어요? 그러나 그 말씀에 순종으로 아들을 바치는 일을 감당한 그 믿음을 보시고 축복하신 거예요. 이것이 바로 하나님을 살린, 그리고 아들을 살린 축복이 된 것이랍니다.

여러분, '가지치기' 라는 말 들어봤어요? 나무의 뿌리를 살리기 위해, 위의 가지를 아낌없이 잘라내는 거예요. 주로 나무를 옮겨서 살릴 때 이런 방법을 쓴답니다. 만약 가지가 예쁘다고 그대로 둔 채로 나무를 옮겨 심으면 얼마 지나지 않아 뿌리가 죽고, 결국 가지도 죽게 되어 있어요. 그러므로 가지를 잘라내 주는 것은 결국 나무뿌리와 가지 모두를 살리는 방법이에요.

마찬가지로 내 욕심을 차리기 위해 하나님의 말씀을 어기면, 가지는 그대로 두고, 뿌리가 죽어 결국 모두 죽는 나무처럼 되는 거예요. 하지만 아브라함은 그와 반대로 하나님의 말씀을 지키기 위해, 살아 계신 하나님의 말씀을 살리기 위해, 어렵지만 아들 가지를 바침으로 아버지를 살렸고, 그로 인해 아들 또한 살리게 된 것이지요.

하나님의 말씀을 지키며 살 때,
우리가 살아요~

조금 어렵겠지만 이 원리를 꼭 기억하세요. 뿌리를 살릴 때, 가지도 사는 거예요. 하나님의 말씀을 지키며 살 때, 바로 우리가 사는 것임을 잊지 않기로 해요.

09 [파워포인트 설교]

에서와 야곱에게 배워요

배울말씀 : 창세기 27:1~28:22

이삭과 리브가 사이에 두 아들이 태어났어요. 바로 에서와 야곱이에요. 에서와 야곱이 어른이 되어서 이제는 아버지에게 모든 것을 물려받을 때가 왔어요.

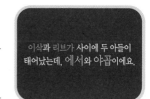

그 당시에는 장자에게 모든 것을 물려주는 것이 전통이어서, 이삭은 장자인 에서를 불렀어요. "에서야, 내가 나이가 많아 앞도 안 보이고, 이제 죽을 때가 다 되었나 보다. 너에게 축복을 할 터이니 먹을 것을 잡아다가 요리해서 나를 배부르게 하거라." "예, 아버지!" 에서 형은 아버지 말씀대로 사냥을 하러 곧장 들에 나갔어요.

  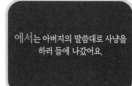

그런데 그 이야기를 이삭의 아내인 리브가가 들었어요. 리브가는 부리나케 야곱에게 달려가서 이렇게 말했어요. "야곱아, 아버지가 축복하시려 하는구나. 형이 사냥하러 나갔으니 네가 가서 아버지의 축복을 받아라." "어머니, 제가 어떻게요. 저는 형처럼 몸에 털도 나지 않았는데요?" "걱정 말거라, 양털을 붙여줄 테니. 어서 가거라. 음식은 내가 준비하마." 이렇게 해서 리브가와 야곱은 눈이 어두워진 아버지를 속이고 장자에게 주는 축복을 모두 받았어요.

모든 것이 끝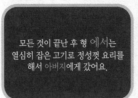
난 후 형 에서는
열심히 잡은 고
기로 정성껏 요
리를 해서 아버

지에게 갔어요. "아버지, 제가 왔어요. 어서 이 음식 드시고 축복해 주세요!" "뭐, 뭐라고? 네가 에서라고? 난 에서에게 이미 축복을 다 해 주었는데? 네 동생인 야곱이 나를 속이고 모든 축복을 가져갔구나." "야곱에게 다 주었다고요? 저에게도 축복해 주세요! 흑흑…." 에서 형은 분하고 억울했어요. 그래서 아버지가 돌아가실 때가 되면 자기의 축복을 빼앗아간 야곱을 죽이겠다고 다짐했어요.

이 소식을 알게 된 어머니 리브가는 가만 두었다가는 야곱도 에서  도 모두 잃을 것 같아서 야곱을 멀리 사는 외삼촌댁으로 도망가게 했어요. 야곱은 축복을 받은 대가로 혼자 도망하는 신세가 되고 말았어요. 야곱은 축복을 받았는데, 왜 도망가는 신세가 되었을까요?

하나님이 말씀하신 기본 원칙들이 있어요. '안식일을 기억하라', '부모님을 공경하라', '살인하지 마라' 등등. 이런 것들은 어떤 상황이 온다 해도 반드시 지켜야 하는 것이에요. 그런데 아들인 야곱은 아버지를 속였고, 아내는 남편을 속였어요. 형은 동생을 죽이겠대요. 순식간에 이삭의 가정은 하나님의 기본 원칙들이 모두 깨지고 말았어요. 왜 그랬나요? 바로 축복권 때문에 그랬어요. 그런데 창세기 25장 13절에 보니까 이미 이 축복권도 하나님이 정리를 해 주셨어요. 에서와 야곱이 리브가의 뱃속에 있을 때 이미 하나님은 "장자(에서)가 차자(야곱)를 섬길 것이다."하고 말씀하셨어요. 이 원칙을 이삭과 리브가는 들었어요. 그런데 약 40년이란 세월이 흐르면서 잊어버렸거나, 아니면 그 당시의 전통은 장자에게 축복하는 것이어서 하나님의 말씀을 무시하고 풍습대로 하려 했던 것이지요.

어머니 리브가는 남편인 이삭을 속이는 것이 아니라, 40년 전에 하나님이 약속하신 그 말씀을 다시 생각나게 하거나, 대화를 통해서 설득해야 했어요. 그러나 그렇게 하지 못한 결과 야곱이 축복을 받게 되기는 했지만, 가정은 깨지고 말았어요. 과연 이런 일을 하나님이 좋아하실까요? 절대 그렇지 않아요.

우리는 이 이야기를 통해서 생각해 볼 것이 있어요. 먼저, 하나님의 말씀에 올바르지 못한 방법으로 순종한다면 절대 좋은 결과를 얻을 수 없어요. "하나님, 시험을 잘 봐서 하나님께 영광 돌리고 싶어요."라고 기도한 친구가 커닝을 해서 시험 성적을 좋게 받았다면, 그것이 바른 방법일까요? 그렇게 돌린 영광을 하나님은 절대로 기쁘게 받으시지 않아요.

우리는 이 이야기를 통해서 생각해 볼 것이 있어요.

하나님의 말씀에 올바르지 못한 방법으로 순종한다면 좋은 결과를 얻을 수가 없어요.

그럼에도 불구하고 참 감사한 것은 그렇게 실수투성이고 형을 속이고 생명의 위협을 느끼며 홀로 도망한 야곱에게 하나님께서 함께해 주셨다는 사실이에요. 생각해 보세요. 혼자 도망가는 그 길이, 한 번도 가보지 않은 낯선 땅이, 야곱은 얼마나 무섭고 두려웠을까요? '어머니가 옳지 않은 계획을 말했을 때, 왜 거절하지 못했을까? 형과의 잘못된 관계를 어떻게 풀어갈 수 있을까?' 하며 후회도 하고 고민도 했을 거예요. 강도나 위험한 동물을 만날 수도 있었지만 그는 하나님의 보호하심 아래 무사히 삼촌의 집까지 갈 수 있었어요.

형을 속이고 생명의 위협을 느끼며 홀로 도망한 야곱에게 하나님께서 함께해 주셨어요.

결국 야곱은 자신의 잘못을 깨닫고, 자신을 지켜 주시고 인도해 주신 하나님을 깨닫게 되었을 때, 자기의 실수, 잘못을 잊지 않고 있다가 형을 만났을 때 가장 먼저 용서를 구했답니다. 우리 친구들도 실수하거나 잘못했을 때 하나님께 용서를 구하고 다시는 실수하지 않겠다고 다짐하세요. 그런 우리를 하나님은 끝까지 지켜 주시고 인도해 주신답니다.

한 가지 더 생각해 볼 것은 야곱의 인생에서 가장 힘들고 외롭고 무서웠던 그날에 하나님을 뵙게 되었다는 거예요. 그리고 힘을 얻어 다시금 자기의 삶을 살아가게 된답니다. 여러분, 지금 선생님이 하는 말을 잘 기억하고 마음에 품으세요. 여러분이 자라서 이 세상을 살아갈 때, 힘들고 외로울 때가 있을 텐데, 바로 그 순간이 하나님을 만나 뵐

야곱의 인생에서 가장 힘들고 외롭고, 무서웠던 그날에 하나님을 뵙게 되었어요.

수 있는 좋은 기회도 된답니다. 우리가 힘이 들 때가 하나님을 만날 수 있는 기회임을 잊지 말고 살아요.

오늘 에서와 야곱의 이야기를 통해 참 많은 것을 느꼈어요. 하나님의 말씀을 올바른 방법으로 일구어가는 지혜로운 사람, 실수하고 잘못했을 때는 용서를 구할 줄 아는 사람, 또한 힘들고 어려울 때도 함께하시는 하나님을 믿고 달려가는 사람, 그래서 하나님의 놀라운 축복을 받는 그 주인공이 되기를 바라요.

야곱의 생각 VS 하나님의 은혜

배울말씀 : 창세기 32:1~33:11

야곱은 도망 왔던 삼촌 라반의 집에서 잠깐 일 줄 알았는데, 20년이란 긴 세

야곱은 삼촌 라반의 집에서 20년이란 세월을 보냈어요.

고민 끝에 고향 땅으로 돌아가 형 에서와 화해하고 살고 싶다는 결정을 내렸어요.

월을 보냈어요. 그 사이 많은 재산도 생겼고, 가족들도 생겼어요. 하지만 오래 전 일이라고 해도 형 에서와의 문제와 그로 인해 고향 땅을 갈 수 없음이 늘 마음의 짐으로 남아 있었어요. 고민 끝에 야곱은 고향 땅으로 돌아가 형 에서와 화해하고 살고 싶다는 결정을 내렸어요.

그는 가족과 재산을 가지고 고향 땅으로 떠났답니다. 그런데 그 머릿속이 얼마나 복잡하겠어요? 그는 참 두려웠을 거예요. 형이 자신을 죽인다고 했으니, 그때 그 심정을 떠올릴 때면 너무너무 두렵고 무서웠을 거예요. '형과의 관계를 어떻게 풀어야 하지?'

그렇게 걱정과 고민을 하며 가는 그에게 하나님이 사자들을 보내서 함께하고 있음을 보여 주셨어요. 야곱이 라반 삼촌의 집으로 갈 때도 하나님은 함께하시겠다고 약속하셨고, 20년이 흘러 고향 땅으로 돌아가는 그에게 하나님은 다시금 약속해 주셨어요. 하나님의 군대를 보여 주시면서 지켜 주시겠다는 약속을 하신 것이지요.

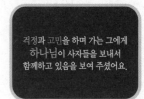

걱정과 고민을 하며 가는 그에게 하나님이 사자들을 보내서 함께하고 있음을 보여 주셨어요.

이제 그 약속을 믿고 가면 될 텐데, 야곱은 계속해서 자신의 머리를 의지해요. 그러고는 형에게 보낼 재산을 준비하고 종들을 보내서 화해의 소식을 기다렸어요.

그런데 이게 어찌된 일일까요? 자신이 생각한 대로 되지 않고, 오히려 형이 400명의 사람들을 데리고 이리로 오고 있다는 소식을 듣게 되었어요. "형님이 40명도 아니고, 400명을 데리고 온다고? 분명 우리 모두를 죽일 작정이구나." 야곱은 너무도 두려워서 어찌할 바를 몰랐어요. 재산을 나누고, 형에게 보낼 재산을 더 준비하고, 가족들을 먼저 보내서, 형의 마음을 녹여보려고 무척이나 애를 썼어요. 낮밤을 쉬지도 못하고 두려움에 사로잡혀서 이렇게도 해 보고, 저렇게도 해 보고, 자기가 할 수 있는 일이라고는 다 해 보려고 했어요.

그렇게 모두를 보내고 홀로 뒤에 남았을 때, 하나님의 천사가 그를 다시 만

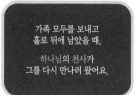

나러 왔어요. "두려워하지 마라, 하나님이 함께하고 계신다."고 위로하려고 왔던 것 같아요. 그때라도 야곱이 "예!" 대답하고는 용기를 가졌으면 좋았을 텐데, 이제는 죽기 살기로 나를 살려 달라고, 내게 축복을 해 달라고 매달리네요. 그렇게 매달리는 야곱에게 하나님은 "이스라엘"이라는 새로운 이름도 주셨어요. 야곱은 자신이 본 하나님의 얼굴을 찬양했어요.

"야, 이제 됐구나!" 야곱이 이 정도가 되었으니 이제는 하나님만 믿고 나갔어야 하는데, 천사와의 씨름에 환도 뼈가 다쳐 다리를 절뚝이면서도 야곱은 '어떻게 하면 형에게 복수를 당하지 않고 사과를 잘할 수 있을까?'라는 자신의 생각을 내려놓지 못했어요.

하나님께서 함께하시겠다고, 걱정하지 말라고 하셨으면 이제 자신의 생각은 내려놓고 하나님을 담대히 의지하고 믿었어야 했는데, 야곱은 그렇게 하지 못했어요. 형 에서는 야곱을 죽이려고 400명을 데리고 오는 것이 아닌데, 야곱은 에서를 속였던 그 옛날 일로 인해 쫓아오는 자가 없어도 쫓기는 두려운 심정을 거두지 못한 거예요.

지켜 주시겠다는 하나님의 약속에도 그는 자신의 생각에 사로잡혀 여전히 불안해했어요. 그래서 형을 만났을 때도 두려운 마음에 일곱 번이나 땅에 몸을 굽혀 인사를 해요. 하나님께서는 야곱을 보시며 참 안타까웠을 것 같아요. 형 에서의 마음도 녹여 놓으시고, 멋진 화해의 장면을 만들어 놓으셨는데, 여전히 그 앞에서 어쩔 줄 모르는 야곱을

보면서 참 답답하시겠지요? 그럼에도 불구하고 야곱을 끝까지 사랑하시는 하나님이 얼마나 감사한지 몰라요.

자, 드디어 올 것이 왔습니다. 야곱 앞에 400명을 거느린 무서운 형이 서 있습니다. 엄청나게 얻어맞을 각오는 되어 있고, 죽이지나 말았으면 좋겠다는 생각도 들었을 거예요.

어? 그런데 이게 어떻게 된 거죠? 죽일 것처럼 흥분하며 형이 달려와 멱살을 잡을 줄 알았는데, 눈물을 흘리는 형의 눈이 온화하기만 하니 말이에요.

"형님!" "야곱아!" 둘은 얼싸안고 엉엉 울었어요. 한참 동안 동생을 안고 울었던 형 에서가 그제야 정신을 차리고 둘러보니 야곱의 주변에 참 많은 사람들이 있네요. 그들과도 반갑게 인사를 했어요.

여러분, 20년 전의 이 가정을 기억하고 있나요? 아버지의 축복을 놓고 서로 속이는 가정, 그래서 형이 동생을 죽이기로 마음먹었고, 동생은 멀리 도망가야 했던 흩어진 가정이었어요. 그런데 지금 이 두 사람의 대화가 어떤지 볼까요?

동생이 형에게 주려고 가지고 온 많은 재산 앞에서 형은 이렇게 말해요. "내 동생아, 내 것은 충분하니까 선물로 준비한 이 가축들은 네가 가져라." 그런 넉넉한 형 앞에 동생은 죄송하고 감사한 마음에 이렇게

말해요. "아닙니다, 형님. 하나님이 내게 은혜를 베풀어 주셔서 저도 풍성합니다. 그러니 제가 드리는 이 예물을 받아 주세요." 야곱의 말에서 그가 형에게 주는 예물이 자기가 살고자 하는 뇌물이 아니라, 정말 감사한 마음의 선물이 되었다는 것을 알 수 있어요.

두 형제의 만남이 멋지지 않나요? 이 멋진 만남을 누가 준비하셨지요? 맞아요, 우리 하나님이세요. 예전에는 재물 때문에 싸웠는데, 하나님께서 이렇게 갈라졌던 가정

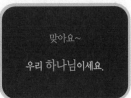

에 화해를 준비하시고 은혜를 주시자, 이제는 더 이상 재물이 문제가 되지 않게 된 거예요. 그리고 이후 뇌물이 아닌, 정말 마음을 다해 주는 동생의 선물을 형도 기쁜 마음으로 받았고, 서로 헐뜯고 죽이고자 하는 가정이 아니라, 서로를 사랑하는 가정으로 회복되었답니다.

여러분, 이 화해의 역할을 한 사람은 야곱이 아니었어요. 또한 야곱이 몇 차례나 에서에게 바친 예물과 엎드려 절한 정성 때문이 아니었어요. 이는 하나님께서 이미 준비하신 화해였어요. 하나님께서는 미리 형 에서의 마음을 움직여 놓으셨어요. 그래서 미리 걱정하며 두려워하고 있는 야곱에게 찾아가서 두려워하지 말라고 했던 것인데, 그럼

에도 불구하고 야곱은 끝까지 하나님의 말씀에 의지하지 않고 자신의 생각대로 했던 것이지요.

생각해 보세요. 하나님을 믿지 못하고, 가족들을 방패 삼아 형의 분노에서 피해 보고자 했던 야곱을 바라보는 가족들은 어떤 마음이었을까요? "야, 이제껏 믿었던 아버지가 저 정도밖에 되지 않나?"하며 매우 실망했을 거예요. 이렇듯 믿음이 없으면 하나님을 기쁘시게 못함은 물론 본인과 가족에게도 상처가 될 수 있다는 사실을 기억해야 해요.

여러분, 기억하세요. 하나님을 믿지 못하면 아무리 뛰어난 머리로, 방법을 찾고, 또 많은 뇌물을 쓴다고 해도 그 일을 이루지 못하고 오히려 많은 어려움이 따를 수 있어요. 여러분은 오늘 만난 야곱을 보면서 어떤 생각을 했나요?

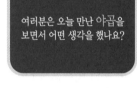

여러분은 오늘 만난 야곱을 보면서 어떤 생각을 했나요?

여러분이 똑똑해서 모든 것을 다 할 수 있다고 생각하나요? 절대로 사람의 생각으로는 모든 일을 할 수 없어요. 오히려 그 일에 관여하시고 은혜를 주시는 하나님을 의지하며, 내가 의지했던 내 생각을 버릴 때, 비로소 하나님은 그 사람을 통해 아름다운 일들을 이루어 가신답니다.

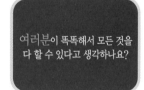

여러분이 똑똑해서 모든 것을 다 할 수 있다고 생각하나요?

야곱과 에서에게 은혜를 주신 하나님이 여러분 곁에 계세요. 모든 일에서 여러분의 생각에 앞서는 그분의 손을 꼭 잡고 믿음으로 달려가는 지혜로운 사람들이 되어요.

[파워포인트 설교]

꿈꾸는 요셉

배울말씀 : 창세기 37:1~36

여러분의 미래에 가장 도움이 되는 것은 무엇일까요? 좋은 부모님이 계신 것, 좋은 집에 사는 것, 내가 하고 싶은 것과 사고 싶은 것을 다 할 수 있게 해 주고, 좋은 학원을 다닐 수 있게 해 주는 돈. 흔히 이런 것들을 생각할 거예요. 물론 이런 것들도 여러분의 미래에 도움이 될 수는 있지만, 여러분의 미래를 결정해 주는 가장 직접적인 것은 여러분 각자가 가지고 있는 '꿈'이에요.

'에이~ 선생님, 아니에요! 제게 만약 친구들 같은 좋은 부모님이 계셨다면, 저도 다른 친구들처럼 내가 사고 싶은 것, 하고 싶은 것, 좋은 학원에 맘대로 다닐 수 있게 우리 부모님이 돈이 많았다면 제 미래는 달라질 거예요.' 하며 속으로 생각하는 친구들이 있을 거예요.

그러나 지금 여러분이 생각했던 것들이 여러분의 미래를 바꾸고, 결정하는 것은 아니랍니다. 여러분의 미래는 여러분이 꾸고 있는 꿈으로 인해 바뀌고 결정된다는 사실을 잊지 말아요.

그 증거를 보여 줄게요. 오늘 성경에 보면 누가 나오죠? 그래요, 요셉이 나와요. 선생님은 성경의 많은 인물 중에서도 요셉을 참 좋아해요. 왜냐하면 요셉은 태어날 때부터 좋은 환경과 좋은 부모 밑에서 자랐기 때문에 좋은 미래가 펼쳐진 사람이 아니라, 하나님이 주신 꿈을 꾸고, 그 꿈을 이루기 위하여 최선을 다해 노력하는 사람이었기 때문이에요.

오늘 말씀을 잘 읽어 보면 요셉은 여러분처럼 지극히 평범한 소년이었어요. 어쩌면 여러분보다 더 힘들게 자랐을지도 몰라요. 요셉의 아버지인 야곱은 부인이 네 명이나 있었어요. 당연히 네 명의 부인에게는

많은 형제들과 자매들이 있었지요. 그 형제들은 서로 아버지에게 잘 보이고 싶어 했고, 그로 인해 다툼도 있었고, 서로 시기하고 질투하면서 자랐어요. 그 중에 요셉도 있었지요. 요셉은 형제들과

똑같이 양을 치는 평범한 목동이었고, 툭하면 형제들의 잘못을 아버지에게 고자질하는 고자질쟁이였어요.

당시 요셉은 그리 좋은 환경도 아니었고, 그리 좋은 성품을 가진 사람도 아니었어요. 하지만 요셉에게는 그 많은 형제들과 다른 점이 있었어요. 바로 꿈이 있는 사람이었다는 것이에요. 여러분도 잘 알고 있듯이 그 꿈으로 인해 요셉은 다른 형제들과 같이 평범한 미래를 사는 자가 아니라, 남들과 다른 특별한 미래를 소유하는 사람이 되었어요.

대부분 많은 사람들은 이런 생각을 하고 있어요. 우리가 알고 있는 모든 훌륭한 인물이 꼭 좋은 가정에서 태어나, 좋은 부모에게 좋은 교육을 받고 자랐을 거라고…. 하지만 우리는 요셉처럼, 아주 어렵고 복잡한 가정 속에서도 위대한 인물이 태어날 수 있다는 것을 말씀을 통해 배워갈 거예요.

오늘 만나는 요셉은 자신이 꾼 꿈 때문에 굉장히 힘든 일을 겪었어요. 형들에게 버림받는 것도 큰 충격이었을 텐데, 형들은 그를 아예 죽일 작정까지 했어요. 다행히 르우벤 형이 그를 죽이지는 말자고 제안하여 요셉은 대신 구덩이에 빠졌지요. 과연 요셉의 마음이 어땠을까요? 충격에 충격, 두려움에 두려움의 연속이었을 거예요. 그때 이 요셉을 어떻게 할까 고민하다가 결국엔 이웃나라 애굽의 노예로 팔아버려요.

요셉은 자신이 꾼 꿈 때문에 얼마나 힘든 일을 겪는지 몰라요.

여러분, 우리가 한 가지 기억할 것이 있는데, 분명 요셉이 위대한 인물이 될 수 있었던 결정적인 능력은 바로 꿈이었어요. 그런데 꿈을 꾼다고 해서 늘 잘되는 것만은 아니에요. 때로는 좌절도 맛볼 것이고, 실패도 하게 될 것이며, 때로는 그 꿈을 시기 질투하는 이들로 인해 어려움을 겪을 수도 있어요.

여러분, 꿈은 복잡하고 어려운 환경을 뛰어 넘을 수 있는 능력이 있어요. 그러니 당장 눈앞에 어려움이 있다고 꿈을 포기해서는 안 돼요. 꿈을 수정할 수는 있어요. 그러나 꿈을 잃어버리고 살면 안 돼요.

오늘 만난 요셉도 꿈을 꾸었고, 그로 인해 다른 사람이 아닌 형들에게 죽임을 당할 뻔 했고, 나아가 따뜻한 가정의 품을 떠나 형들의 손에서 노예로 팔려 가게 되었어요. 다른 사람도 아닌 형들이 내게 그랬다면 선생님은 절대로 이해할 수도, 용서할 수도 없었을 거예요. 그리고 그 꿈이 얼마나 원망스러웠겠어요. 하지만 요셉은 그 꿈을 마음에 담

았고, 꿈으로 인해 어려움을 겪을 수 있음을 현실로 받아들이고 열심히 산 친구였답니다.

결국 요셉은 자신의 꿈을 버리지 않음으로, 복잡한 가정환경을 뛰어넘는 자가 되었을 뿐만 아니라, 애굽이라는 거대한 나라도 살리고, 또 이스라엘 민족을 이어가게 하는 하나님의 역사의 주인공이 된 것이지요.

여러분, 한 가지만 기억하세요. 여러분의 미래는 지금의 환경이 아니라, 여러분이 지금 꿈을 꾸고 있느냐, 그렇지 않느냐에 따라 달라진다는 사실을!

"생각을 심으면 우리의 운명이 바뀐다." 라는 말이 있어요. 여러분의 지금 환경을 선생님은 알 수 없지만, 그것이 운명은 아니라는 거예요. 우리의 부모님이나 우리의 집을 바꿀 수는 없지만, 우리의 미래는 하

나님과 함께 꿈을 꾸며 나아간다면, 변화하고 자라게 된답니다.

만약 아직도 나의 꿈이 뭔지 모르는 친구가 있다면, 지금부터 하나님께 간절히 기도하세요. 또한 꿈을 간직한 친구들은 하나님께 그 꿈을 이루기 위해 열심히 노력하는 친구가 되게 해 달라고 기도하세요.

중간에 꿈이 수정되는 것을 두려워하지 마세요. 그리고 '나는 뭐 할 줄 아는 게 없다.'고 포기하지 말고, 하나님께서 내게 주신 재능이 무엇인지 늘 살피며 사세요. 그러면 언젠가 꼭 이 땅에 필요한 몫을 여러분에게 허락해 주실 거예요. 로또가 당첨되게 해 달라고, 무작정 대통령이 되어야 한다고 고집하며 기도하는 사람들이 아니라, 바로 하나님께서 나에게 어떤 것들을 기대하시고, 어떤 일을 맡기실지 기대하며 사는 사람들이 꿈꾸는 사람들이랍니다.

다 함께 따라해 보세요. "하나님, / 나에게 / 주님이 주시는 / 꿈을 꾸게 해 주세요. / 그리고 / 그 꿈을 이루기 위해 / 노력하는 사람이 되게 해 주세요."

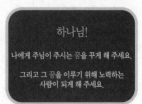

12 [파워포인트 설교]

이집트로 팔려간 요셉

배울말씀 : 창세기 39:1~41:57

　여러분이 만약 재미있는 놀이공원을 친구들과 놀러가기로 했다면, 그곳에 들어가기 위해 무엇을 사야 하죠? 맞아요, 입장표를 사야 해요. 그럼 표를 사기 위해선 무엇을 지불해야 하죠? 맞아요, 돈을 지불해야 해요. 또 부모님이 여러분을 좋은 학원에 보내기 위해 학원에 무작정 데리고 가면, 학원에서 "네, 이 학생은 키가 크니까, 예쁘니까, 그냥 다니세요."하며 학원에 등록시켜 주나요? 아니죠, 키가 크고 예쁜 것과 상관없이 학원비를 지불해야만 다닐 수 있어요.

　이와 같이 꿈꾸는 사람이라고 해서 다 꿈이 이루어지는 건 아니에요. 꿈을 이루기 위해서는 꼭 꿈을 이루기 위한 대가를 지불해야 해요.

　지난주에 만났던 요셉도 자신의 꿈 때문에 상상할 수 없을 만큼 많은 시련과 훈련의 값을 지불하게 된답니다. 잘 들어보세요. 우선 그는 꿈을 꾸는 자라는 이유만으로 형제들의 미움을 샀고, 그로 인해 이집트의 노예로 팔려갔어요. 하나님의 섭리에서 보면, 요셉이 가진 꿈이 너무나 컸기에 가나안 땅은 그의 꿈을 감당할 수 없어, 요셉을 이집트로 보낸 거죠. 하지만 요셉은 이런 하나님의 섭리를 알 수 없었답니다. 두려울 따름이었지요. 형들이 너무도 원망스러웠을 거예요.

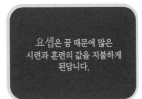

요셉은 꿈 때문에 많은 시련과 훈련의 값을 지불하게 된답니다.

　그렇게 이집트 노예로 끌려간 요셉은 보디발 장군의 노예가 되었고 자신에게 주어진 환경에 순종하면서, 잘 적응해 나갔어요. 그는 이집트의 언어와 문화를 익히기 위해서 매일매일 노력했을 거예요. 그런 모습을 본 보디발 장군은 요셉을 신뢰하기 시작했고, 자기 집의 모든 일을 맡겼어요.

그런데 어떻게 하죠? 보디발의 아내가 멋진 요셉을 보고 반했어요. 자꾸 자기와 함께 놀자며 요셉을 유혹했답니다. 그러나 충성스러운 요셉은 그 유혹을 뿌리쳤어요. 화가 난 보디발의 아내는 자신의 남편에게 요셉이 자기를 좋아한다며 거짓말을 했고, 아내의 말만 들은 보디발 장군은 요셉을 감옥에 가두었답니다.

남의 나라에 노예로 팔려온 것도 모자라서 이제는 감옥에 갇히는 신세가 되었어요. 그러나 그곳에서도 포기하거나 낙심하지 않고, 요셉은 왕의 죄수들에게 이집트의 정치 세계를 배웠고, 궁중의 도와 언어와 문

화를 배웠어요. 또한 바로 왕이 어떤 사람인가도 배웠답니다.

그러던 중 얼굴에 수심 가득한 술 맡은 관원과 떡 굽는 관원의 꿈을 해석해 주었어요. 술 맡은 자의 꿈은 삼일 만에 복직되는 좋은 꿈이었어요. 요셉은 그에게 복직되면 자기를 기억해 달라고 부탁했지만, 그는 그 사실을 까맣게 잊고 말았답니다.

하지만 하나님은 요셉을 위해 술 맡은 관원의 기억의 문을 여셨어요. 바로 왕의 꿈을 해몽하는 자가 없을 때, 자기의 꿈을 해몽해 준 2년 전 요셉을 떠올렸고, 그로 인해 요셉은 바로의 꿈을 해몽하기 위해 바로 왕 앞에 나갔어요.

바로 왕 앞에서 요셉은 자신이 꿈을 해석하는 것이 아니라, 하나님이 하신다고 말씀드린 후, 바로 왕이 부탁한 꿈을 정확하게 해몽하고, 다가올 흉년에 대한 해결책도 제공해 주었답니다. 그는 지혜로운 사람을 세워 칠년 풍년과 함께 찾아 올 칠년 흉년을 대비하라고 왕 앞에 제안까지 하였지요.

바로 왕은 요셉의 꿈 해석과 그가 제시한 해결책에 감격하여, 그를 이집트의 국무총리로 세웠어요. 드디어 요셉의 꿈이 성취되는 축복의 순간이에요.

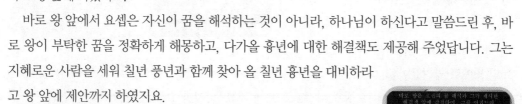

여러분, 요셉은 자신의 꿈을 이루기 위해 13년을 기다렸어요. 기다리는 훈련처럼 힘든 것도 없을 텐데, 보디발의 집에서 노예생활로 11년, 감옥에서 죄수로 2년을 보냈어요. 이 시간은 그가 자신의 꿈을 이루기 위한 시간에 대한 대가예요.

우리가 살펴 본 요셉은 어느 곳에 있든지 최선을 다하며, 노예생활과 죄수생활을 했어요. 여러

분의 꿈을 생각해 보세요. 한 가지 알려줄 것이 있는데, 여러분의 꿈
이 크면 클수록 더 많은 시간과 노력의 대가를 지불해야 한다는 거예
요. 그렇다고 '그럼 나는 작은 꿈을 꾸어야지.' 하고 생각하는 친구들
은 없겠지요? 간혹 '나는 얼굴도 못생기고 공부도 못하는데 꿈은 무
슨 꿈이야?' 하고 생각하는 어린이들도 있어요. 하지만 하나님은 우리
모두에게 공평한 기회를 주시고 누구나 해낼 수 있는 지혜를 주세요.

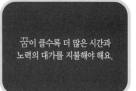

꿈이 클수록 더 많은 시간과
노력의 대가를 지불해야 해요.

　송명희라는 분은 중증 장애인이라서 다른 사람의 도움 없이는 한 발짝도 집 밖을 나설 수 없는
분이에요. 말도 우리처럼 자유롭게 하지 못해요. 손과 발은 모두 불편한 상태고요. 얼굴이 예쁘지
도 않고, 크고 으리으리한 집에 살지도 않아요. 사람들은 그분을 보고 '야, 참 힘들겠다. 불행하겠
다.'고 생각할지 모르지만, 그분은 참으로 아름다운 시를 쓰고 노래를 만들었어요. 그래서 지금도
은혜를 받는 찬양이 있답니다. '나 가진 재물 없으나, 나 남이 가진 지식 없으나, 나 남에게 있는
건강 있지 않으나, 나 남이 없는 것 있으니, 나 남이 못 본 것을 보았고, 나 남이 듣지 못한 음성 들
었고, 나 남이 받지 못한 사랑 받았고, 나 남이 모르는 것 깨달았네. 공평하신 하나님이 나 남이 가
진 것 나 없지만, 공평하신 하나님이 나 남이 없는 것 갖게 하셨네.'

　어떻게 걷지도 못하고, 제대로 글씨도 쓰지 못하는 몸을 가지고서
하나님이 공평하시다고 고백할 수 있을까요? 우리가 생각하기에는 불
행한 것 같지만, 송명희 씨는 아니었어요. 그것을 가능하게 한 힘은
남들과 비교하지 않고 오직 나를 바라보시며 기대하시는 하나님을 향
한 꿈을 가지고 있었기 때문에 가능했던 것이지요.

송명희 씨는 오직 나를 바라보시며 기대하시는
하나님을 향한 꿈을 가지고 있었기

　꿈을 이루어 가는 동안 나의 꿈과 멀어지는 듯 보일 때도 있겠지만,
그 속에서도 한 가지 꼭 기억할 것은, 내가 주님 안에서 꾸었던 꿈, 그
꿈을 이루기 위해서 하나님의 계획하심을 믿고 나아간다면, 어떤 상
황 속에서도 내 꿈으로 인도하시는 주님의 섭리를 느낄 수 있어요.

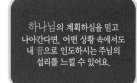

하나님의 계획하심을 믿고
나아간다면, 어떤 상황 속에서도
내 꿈으로 인도하시는 주님의
섭리를 느낄 수 있어요.

　선생님은 여러분이 언제나 나의 길을 인도하시는 하나님의 손길을
느끼고, 날 인도하시는 하나님을 확실히 마음에 품고, 여러분의 꿈을
이루어 가는 과정에서 어떤 어려움이 온다고 해도 포기하지 않고 멋
지게 이루어 가리라 믿어요. 요셉이 그랬던 것처럼, 여러분의 환경으
로 인해 포기하지 마세요. 하나님께 여러분의 꿈을 맡기고 달려갈 때,
그 대가를 잘 이기는 우리 친구들에게 멋진 미래를 선물하실 거예요.

하나님께 여러분의 꿈을 맡기고 달려갈 때,
그 대가를 잘 이기는 우리 친구들에게
멋진 미래를 선물하실 거예요.

[파워포인트 설교]

용서하는 요셉

배울말씀 : 창세기 45:1~16

"형님들! 형님들! 나 좀 구해 주세요!" 도저히 혼자서는 나올 수 없는 깊은 웅덩이에 요셉이 빠졌어요. 10명의 형들은 동생 요셉이 아버지의 사랑을 독차지하고, 형들이 자기에게 절하는 꿈을 꾸었다고 말도 안 되는 소리를 자꾸 하자 결국 그를 죽이기로 하고 함정에 빠뜨렸던 거예요. 그러나 다행히도 목숨만은 살아서 요셉은 애굽이라는 나라의 노예로 팔려가게 되었어요. 요셉의 마음이 어땠을까요? 함께 자라온 형들이 자신을 팔아 넘겼다는 것이 믿겨지지 않았을 거예요. 다시 형들을 만나면 똑같이 앙갚음하겠다고 다짐했을지도 모르죠.

요셉은 낯선 땅에서 노예라는 신분으로 많은 어려움을 겪으면서 자라요. 심지어 인정받으며 섬겼던 주인의 아내를 통해서 억울한 누명을 쓰고, 감옥에 갇히기까지 해요. 그러나 요셉은 절망하기에 앞서

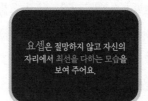

요셉은 절망하지 않고 자신의 자리에서 최선을 다하는 모습을 보여 주어요.

결국 어려움과 고생 끝에 하나님의 도우심으로 30살에 요셉은 애굽의 총리대신이 되었어요.

자신의 자리에서 최선을 다하는 모습을 보여 주었어요. 결국 어려움과 고생 끝에 하나님의 도우심으로 서른 살 요셉은 애굽의 총리대신이 되었어요.

여러분, 총리대신의 힘이 얼마나 크냐 하면, 애굽의 왕 이외에 총리대신이 말하는 명령에 불복종하면 그 사람은 곧 왕의 명령에 불복종하는 것으로 간주되어서 감옥에 가는 거예요. 그러니까 총리대신의 말이 곧 법인 거예요. 요셉 정말 대단하죠? 애굽으로 맨 처음 팔려왔을 때 그의 신분이 뭐였어요? 맞아요, 노예였어요. 그런데 지금 요셉이 뭐가 되었다고요? 그래요, 애굽의 총리대신이 되었어요.

어른 요셉/30세

어린 요셉

애굽의 총리대신

노예

요셉이 애굽의 총리대신이 되어서 그 땅을 다스리며 족히 8, 9년이 흘렀을 때 애굽뿐만 아니라

모든 땅이 흉년으로 인해 먹을 것이 없었어요. 그러나 애굽만은 하나
님이 요셉을 통해 주신 지혜로 거뜬히 흉년의 어려움을 이겨내고 있었
어요. 풍년이 들었던 해에 흉년을 대비해서 먹을 것을 저장해 놓았기
때문이지요. 그렇지만 다른 나라들은 흉년을 미처 대비하지 못했고,
연이어 거듭되는 흉년으로 인해 열매도 내지 못하고, 먹을 것이 없어
서 죽어가는 사람들이 많았어요.

요셉이 있는 애굽은 하나님이
요셉에게 주신 지혜로 거뜬히 흉년의
어려움을 이겨내고 있었어요.

　요셉을 팔았던 형들의 집도 마찬가지였어요. 결국 애굽에 먹을 것
이 있다는 소문을 듣고 자신들이 가지고 있는 재산들을 가지고 먹을
것과 바꾸기 위해서 애굽으로 떠나요. 그러나 그 누구도 자신들이 만
나야 할 애굽의 총리가 요셉인지는 생각조차 하지 못했어요. 아마 요
셉 또한 마찬가지였을 거예요. 그렇게 그들의 만남은 이루어졌어요.

　여러분, 지금 요셉은 힘과 권력 모두를 가지고 있는 사람이 되었어
요. 옛날 형들이 팔아 넘겼던 그 노예가 아니에요. 반면 형들은 지금
남의 나라에 곡식을 얻으러 온 초라한 사람들이에요. 요셉이 한마디
만 하면, 이들을 감옥에 가둘 수도 있고, 심지어 죽일 수도 있어요. 요
셉은 어떻게 했을까요?

　3절을 읽어 볼까요? 요셉은 자신이 요셉이라고 형들에게 신분을
밝혔어요. 그러자 형들은 놀라서 입이 떡 벌어졌어요. '지금 이 앞에
서 있는 사람이 애굽으로 팔아넘긴 동생 요셉이라니….' 만약에 그 요
셉이 맞다면 이제 자기들은 모두 죽은 목숨이니 도무지 믿을 수가 없
었어요. 그러자 요셉은 가까이 와서 보라고, 내가 형님들이 애굽으로
팔아넘긴 아우 요셉이라고 다시 한 번 말해요.

　이제 형들은 죽은 목숨일까요? 우리 5절을 함께 읽어요. 요셉이 형
들을 어떻게 했어요? "근심하지 마세요. 한탄하지 마세요."라고 하면
서 형님들을 위로하고 있어요. 곤장도 안 때리고, 감옥에 가두지도 않
고, 그냥 용서해 주었어요. 우리 같았으면 "감히 나를 팔아 넘겨요? 그
러고도 형님들이 사람이에요? 다시는 날 찾아오지 마세요!"하면서 돌

려보내거나 때려주었을 텐데, 그냥 용서하고 형님들이 근심할까 봐 위로하고 있어요.

　우리 14~15절을 함께 읽어요. 그렇게 용서한 결과가 어때요? 서로 안고 울면서 입 맞추고 화해

했어요. 그랬더니 형들도 그제야 말을 하기 시작했어요. 대화하기 시작했다는 거예요. 무슨 대화를 했을까요? 엉엉 울면서 "우리를 용서하다니… 정말 미안하다. 우리가 어리석었어. 장하게 잘 커주었구나. 고맙다." 뭐 이런 이야기를 하면서 정말 눈물바다를 이루었겠죠?

요셉은 어떻게 이런 용서가 가능했을까요? 물론 요셉도 형들이 생각하는 것처럼 그렇게 복수할 수 있었을 거예요. 하지만 요셉은 형들의 맘을 먼저 이해해 보려고 노력했어요. 사실 형들도 자신들이 한 잘못 때문에 22년 동안 엄청난 죄책감과 고통 속에 살고 있었을 거예요.

그러나 완전히 잊을 수는 없었을 거예요. 살려달라고 애걸하던 요셉의 부르짖음, 이집트로 팔려가면서 애처롭게 바라보던 요셉의 눈빛, 요셉을 잃고 울부짖던 아버지 야곱의 모습이 시시때때로 생각났을 거예요. 그런 형들의 맘을 이해하려고 노력한 요셉은 22년 동안 복수와 원한을 키우지 않고, 형들에 대한 그리움과 사랑을 키워왔어요. 그 사랑으로 형들을 용서할 수 있었던 것이지요.

또한 요셉은 이 일들이 모두 하나님의 계획과 인도하심이었다고 고백해요. 요셉은 자신의 꿈을 이루시기 위해 하나님께서 나를 이곳으로 보내시고, 많은 사람들과 많은 훈련과 긴 시간을 통하여 꿈을 준비시켜 이루셨음을 믿었기 때문에 모든 것을 용서할 수 있었던 거예요.

여러분의 꿈을 이루기 위해 하나님께서는 많은 사람을 만나게 하시고, 생각지도 못했던 훈련을 시키실 수도 있어요. 그럴 때마다 여러분이 자신의 꿈을 포기하는 것이 아니라, 이 모든 사건을 통해 나를 인도하시는 하나님을 깨닫는 지혜를 달라고 기도할 수 있는 사람들이 되었

으면 좋겠어요. 그리고 그 과정에서 혹 나에게 해를 끼치는 사람들이 있을 수도 있어요. 하지만 그 마음을 복수가 아닌 용서와 사랑으로 채울 때 비로소 여러분을 큰 사람으로 인도하실 거예요.

기억하세요. 꿈의 대가를 감당할 줄 아는 사람을 하나님은 멋지게 쓰세요. 여러분 마음에 여러 가지 멋진 꿈들이 담겨 있을 거예요. 그 안에 하나님이 함께하셔야 함을 잊지 마세요. 그리고 복수와 원망의 마음이 아닌, 용서와 사랑의 마음을 담으세요. 그럴 때 하나님께서 여러분을 멋지게 세워 주실 거예요.

이제 요셉을 다 만났어요. 앞으로 요셉이 이룬 멋진 꿈보다 더 아름다운 꿈을 만들며 달려가는 하나님의 자녀들이 될 수 있겠지요?

II

출애굽 이야기

[플래시 설교]

지혜의 근본

배울말씀 : 출애굽기 1:15~22

옛날옛날 한 옛날에 지금 아프리카에 있는 이집트에 별난 일이 있었어요. 성경에서 애굽이라고 불리는 이집트에는 많은 왕들이 있었는데, 오늘 말씀에 보면 바로라는 이름을 가진 왕이 나와요. 지금 우리나라를 다스리는 사람은 대통령이지만 옛날에는 나라를 다스리는 사람을 왕이라고 불렀어요.

당시 이집트 땅에는 이집트 사람만 살았던 것이 아니라 이스라엘 사람들도 살고 있었어요. 창세기를 보면 알 수 있는데 요셉이 이집트의 국무총리가 된 이후부터 이스라엘 사람들이 이집트에서 살기 시작했지요. 지금 우리나라도 그래요. 대한민국이라고 해서 대한민국 사람만 사는 건 아니에요. 우리 주위에 보면 다른 나라 사람들을 볼 수 있잖아요. 이와 마찬가지예요.

처음에 이집트 사람들과 이스라엘 사람들은 사이좋게 살았어요. 그런데 오늘 말씀에 보면 요셉을 알지 못하는 왕 바로가 이집트를 다스리게 되었는데, 이스라엘 사람들의 인구가 점점 늘어나자 그는 이스라엘 사람들이 더 많아지면 외국의 적들과 함께 이집트를 공격할지 모른다는 걱정을 하게 되었어요.

그래서 바로 왕은 꾀를 내었어요. 이스라엘 사람들에게 더 힘든 일을 시키자는 것이지요. 바로 왕은 이스라엘 사람들에게 더 힘든 일을 시키면 인구가 늘어나지 않을 줄 알았는데 이게 웬일이에요, 줄어들기는커녕 이스라엘 백성이 더욱 늘어났어요. 이스라엘 백성은 하나님께서 지켜 주시기 때문이었어요.

바로는 다시 꾀를 내었어요. 바로 왕은 이스라엘 산파를 불렀어요. 여러분, 산파가 뭐하는 사람

이죠? 아는 친구 있나요? 지금은 엄마들이 배가 불러서 아기를 낳으려면 어디에 가지요? 맞아요. 병원, 산부인과에 가요. 그런데 옛날에도 병원이 있었을까요? 없었어요. 그러면 그때는 애를 못 낳았나요? 아니죠. 애는 낳았어요. 엄마들이 애를 낳을 때 도와주는 사람들이 있었거든요. 그런 사람들을 산파라고 불러요. 산파는 아무나 하는 게 아니에요. 전문적으로 교육을 받은 사람들만이 할 수 있는 일이에요.

바로 십브라와 부아, 두 사람은 이집트에서도 유명한 이스라엘 산파였어요. 바로 왕은 이 두 사람을 불렀어요. 그리고 아주 무서운 이야기를 했어요. 이스라엘 여인이 아기 낳는 것을 도와줄 때, 태어난 아이가

여자 아이면 살려주고 남자 아이면 죽이라는 거예요. 이 이스라엘 산파들이 바로 왕 말대로 했을까요? 아녜요. 이 두 명의 산파는 여자 아이든 남자 아이든 다 살려주었어요. 바로는 자기 명령을 따르지 않은 산파 때문에 화가 났어요.

바로 왕이 그 산파들을 불렀어요. "왜 너희들은 내 말을 듣지 않고 남자 아이들을 살려줬느냐?" 자신들을 꾸짖는 바로 왕 앞에서 산파들은 무서웠을 거예요. 산파들이 대답했어요. "네, 임금님, 이스라엘 여자들은 이집트 여자들과 달라 우리가 가기 전에 벌써 애를 낳아 버려서 저희도 어쩔 수 없었습니다." 이 말을 들은 바로는 더 이상 아무 말도 못했어요.

실제로 산파들이 가기 전에 이스라엘 여자들이 애를 낳은 것은 아니에요. 하지만 산파들은 이집트 왕이 명령한다고 해서 이스라엘 남자 아이를 죽일 수가 없었어요. 산파들은 하나님을 두려워하는 사람이었어요(17). 이 산파들이 하나님을 두려워하는 이유는 하나님이 어떤 분이지 알고 있기 때문이에요.

어린이 여러분, 하나님은 어떤 분이신가요? 착한 일을 하는 것을 좋아할까요? 나쁜 일을 하는 것을 좋아할까요? 그렇죠! 하나님은 착한 일 하는 것을 좋아하세요. 산파들은 이런 것들을 알고 있었기 때문에 나쁜 일을 할 수 없었어요.

자, 그러면 이 산파들은 바로 왕을 무서워하는 거예요, 아니면 하나

님을 무서워하는 거예요? 맞아요! 바로 왕의 명령을 듣지 않고 하나님 명령을 지킨 것은 하나님을 바로 왕보다 더 무서워한다는 거예요.

오늘 말씀에 보면 바로의 꾀와 산파들의 꾀가 나와요. 바로가 꾀를 내었지만 더 똑똑한 것은 산파들이었어요. 이렇듯 산파들이 바로를 이길 수 있었던 것은 하나님을 두려워하는 마음이 있었기 때문이지요.

잠언 9장 10절을 읽어볼게요. 따라하세요. "주님을! 경외하는 것이! 지혜의! 근본이요!" 네, 여기서 말하는 주님은 하나님이에요. '경외한 다' 라는 어려운 말이 나왔는데, 경외는 자신보다 훨씬 높은 사람이나 하나님 같은 신을 만났을 때 생기는 두려워하는 마음을 얘기해요. 어린이 여러분, 공부를 잘하고 싶고, 똑똑해지고 싶죠? 하나님을 두려워
하는 친구들이 똑똑해질 수 있다고 성경은 이야기하고 있어요. 오늘 말씀에도 바로 왕보다 산파들이 더 똑똑한 꾀를 낼 수 있었던 것은 산파들에게 하나님을 두려워하는 마음이 있었기 때문이에요. 하나님을 경외하는 것은 오늘 말씀에 나오는 산파들처럼 하나님을 두려워한다는 거예요. 하나님을 두려워하는 마음, 즉 하나님을 경외하는 마음이 있을 때 지혜가 생긴다는 것이지요. 자, 이 말씀을 기억하며 사는 친구들이 됩시다.

02 [플래시 설교]

하나님의 계획

배울말씀 : 출애굽기 2:1~10

지난주에는 바로 왕과 이스라엘 산파들에 대한 이야기를 들었어요. 주님을 경외하는 것이 지혜의 근본이라고 배운 것 기억하나요? 한 주간 동안 하나님을 두려워하는 마음으로 살았나요?

자, 오늘 말씀을 전할게요. 이집트 왕 바로는 자신의 계획이 실행되지 않자 이번에는 새로운 명령을 내렸어요. "갓 태어난 이스라엘 남자아이는 모두 강물에 던지고, 여자 아이들만 살려 두어라." 큰일 났네요. 바로 왕의 명령대로라면 남자 아이들은 강물에 던져져서 죽을지 살지 알 수 없어요.

이런 때에 한 아이가 태어났어요. 남자 아이예요. 왕의 명령대로라면 그 아이를 강물에 던져야 하지만 하도 잘 생겨서 부모가 석 달 동안 몰래 키웠어요. 어린 동생들이 있는 친구들은 알겠지만 아기들은 자꾸 울어요. 누가 때려서 우는 게 아니라 배고파서 울고, 오줌을 싸면 울어요. 그렇게 하루에도 몇 번씩 우니 이 가족도 더는 아기를 숨길 수 없게 되지요. 그래서 그 부모는 갈대 상자를 구하여 물이 상자에 스며들지 못하게 역청과 송진을 바르고 아이를 갈대 상자에 넣어 그 상자를 강가의 갈대 숲 사이에 놓아두었어요. 그리고 그 아이의 누나는 멀리서 지켜보고 있었지요.

그런데 바로의 딸이 강가에 목욕하려고 나왔어요. 바로의 딸은 이집트의 공주였어요. 시녀들이 강가를 거닐고 있을 때, 공주가 갈대 숲 속에 있는 상자를 발견했어요. 공주는 시녀를 시켜 가져오게 했지요. 상자를 열어 보니 남자 아이가 울고 있네요. 공주도 바로 왕의 명령을 분명히 알고 있어요. 바로가 무슨 명령을 내렸지요? 그래요, 이스라엘 남자 아이는 강물에 던지라는 것이지요.

공주는 그 명령도 알고 있었고, 그 아이가 이스라엘 사람의 아이라는 것도 알고 있어요.

'어떻게 할까? 아버지의 말씀대로 하자면 이 아이를 강가에 그냥 두어야 하고, 그러면 이 아이는 큰일 날 텐데…'. 공주는 이런저런 생각을 하다가 결심했어요. '그래, 데려다가 키우자!' 그때 멀리서 지켜보던 아이의 누나가 와서 공주에게 말했어요. "제가 가서 아이에게 젖을 먹일 유모를 데려다 드릴까요?" 공주는 "그래, 어서 데려오너라."고 대답했어요. 아이의 누나는 엄마를 데리고 왔지요. 이렇게 해서 이 아이는 죽을 위기에서 벗어날 수 있었고, 궁궐에 들어가서도 엄마 젖을 먹고 자라면서 이집트의 왕자로서 훌륭한 교육을 받고 자라날 수 있었답니다.

이 아이는 누구일까요? 자, 따라합시다. "모! 세!" 이 이름의 뜻은 물에서 건져내었다는 뜻이에요. 나중에 이 모세가 자라서 이스라엘 백성을 이집트(애굽)에서 인도하는 지도자가 되었어요.

하나님은 이스라엘 백성에게 큰 민족을 이룬다는 말씀을 아브라함 때부터 약속하셨어요. 하나님은 한번 약속을 하면 끝까지 지키는 분이세요. 바로 왕은 이스라엘 백성을 못살게 굴어서 그 민족의 숫자가 작아지고 나중에는 없어지는 것을 원했지만, 하나님은 그렇지 않으셨어요. 하나님은 몇백 년 전에 하신 약속이라도 분명히 지키는 분이세요.

전에는 이집트 땅에서 이스라엘 백성이 잘 살아왔는데 바로 왕이 나타난 후 이제는 안 되겠다는 판단에서 하나님은 새로운 계획을 준비하고 계셨어요. 이스라엘 사람들을 다른 곳에서 살게 하겠다는 계획이지요. 아브라함에게 약속하신 '새로운 땅에서 살게 하겠다'는 계획

을 이루시기로 작정하셨어요. 그 계획은 모세를 이집트 왕궁에서 자라나게 하는 것으로 시작되었어요.

사람들은 하나님께서 어떤 계획을 가지고 계신지 알지 못해요. 모든 계획이 이루어진 다음에야 하나님께서 이런 계획을 가지고 계셨구나 하는 것을 알 수 있을 뿐이죠. 그런데 하나님은 모세를 통해서만 놀라운 계획을 가지고 계신 것이 아니에요.

바로 여러분 한 사람 한 사람을 통해서도 놀라운 계획을 가지고 계세요. 여러분이 믿음을 갖고 사는 어린이들이 된다면, 하나님은 모세를 통해서 세우신 계획을 이루신 것처럼 여러분에게 세우신 계획을 이루실 거예요. 하나님은 여러분을 이 땅에 보내실 때 그냥 보내신 것이 아니에요. 하나님의 뜻을 이루기 위해서 하나하나 세밀한 계획을 세우셨어요. 그 계획 가운데 여러분이 이 땅에 태어난 거예요. 모세처럼 말이죠.

여러분, 죽을 위기에서도 모세를 건져주시는 분이 하나님이세요. 하나님은 계속해서 모세의 인생에 함께하셨어요. 그리고 그 하나님은 여러분과 함께 계세요. 그 하나님을 찬양하며 항상 하나님의 뜻을 이루기 위해 기도하며 나아가는 믿음의 친구들이 됩시다.

[파워포인트 설교]

순종하는 어린이

배울말씀 : 출애굽기 3:1~12

여러분, 놀이공원 좋아하죠? 미국에는 디즈니랜드라는 놀이공원이 있어요. 디즈니랜드는 월트 디즈니라는 사람이 만들었지요. 여러분, '디즈니랜드' 하면 뭐가 제일 먼저 떠오르나요? 그렇죠. 미키마우스. 만화영화로도 많이 나왔죠. 그런데 이 미키마우스가 만들어진 이야기가 재미있어요.

어느 날 가난한 디즈니 부부는 셋방에 서조차 내쫓겨 공원 한구석에서 먹고 살 걱정을 하고 있었어요. '당장 잘 곳도 마땅 치 않은데 이제 어떻게 해야 하나.' 아무리 생각해도 살아갈 방법이 없었어요. 바로

공원 한쪽 구석 벤치에 앉아 고민하고 있는 디즈니 부부

귀여운 모습으로 재롱을 부리는 생쥐

그때 귀여운 생쥐 한 마리가 그들 앞에서 재롱을 부렸어요. 평소에도 디즈니 부부는 생쥐의 재롱을 보면 기분이 좋아지곤 했는데 이날은 생쥐의 재롱을 보면서 디즈니의 머릿속에 한 가지 생각이 떠올랐어요.

'옳지. 세상에는 우리와 같이 가난에 쪼들리며 괴로움 속에서 살고 있는 이들이 얼마나 많은가. 그들을 위해 이 앙증스런 생쥐의 모습을 만화로 그려낸다면 큰 위안이 되겠지.' 디즈니는 서둘러 '미키마우

아하!

엄청난 부자가 된 디즈니

스'라는 생쥐를 등장시킨 만화를 만들었어요. 이 만화는 굉장한 인기를 끌었고요, 덕분에 가난했던 월트 디즈니는 큰 부자가 되었어요.

사무엘상 2장 7절에 보면 하나님은 사람을 가난하게도 하시고 부자로 만들기도 한다고 말씀하고 있어요. 하나님을 믿는 사람은 가난해질 수 있어요. 또 부자가 될 수도 있어요. 높은 자리에 앉

게 하시거나 낮은 자리에 있게 하시는 분도 하나님이세요. 그렇기 때문에 우리가 가난하다고 해서 풀이 죽을 필요도 없고 부자라고 해서 잘난 척할 필요도 없어요. 성경에 보면 부자였다가 하루 아침에 거지가 된 사람도 있고, 가난했지만 하나님이 주시는 복으로 부자가 된 사람도 있어요. 오늘 말씀에 나오는 모세도 그런 사람 중 한 명이에요.

지난주까지는 모세의 어린 시절 이야기였다면, 이제는 어른이 된 모세의 이야기예요. 지금 모세의 나이는 약 80세 정도 되었으니까 모세 할아버지라고 해야겠네요. 모세는 120세까지 살았어요. 오래 살았지요. 모세는 이집트 왕궁에서 40년, 양을 치는 목동으로 40년, 이집트에서 살던 이스라엘 사람들을 가나안 땅까지 인도하는 데 40년, 이렇게 해서 120년을 살았어요.

모세는 나이만 먹은 게 아녜요. 환경도 많이 변해서 궁궐에서 왕자로 자란 모세가 궁궐을 나와 광야(사막)에서 양을 치는 목자로 살아가고 있어요. 예전에는 이집트 왕궁에서 좋은 음식을 먹고, 좋은 집에서

잠을 잤는데 이제는 그렇지 못해요. 양을 치는 목자이기에 어떨 때는 밖에서 잠을 자야 할 때도 있었어요. 밥도 예전처럼 맛있는 것만 먹을 수는 없었어요. 예전에는 사람들에게 인사 받는 자리에 있었는데 지금은 다른 사람들에게 먼저 인사를 해야 하는 처지가 되었어요.

기분이 좋을까요, 나쁠까요? 그래요, 기분이 아주 나빴을 것 같아요. 예전에는 자기가 하고자 하면 무엇이든 할 수 있었는데 이제는 그렇게 할 수 없어요. 그러니 모세 할아버지는 매일매일 힘없이 살아가고 있었을지 몰라요.

여러분에게 문제 하나 낼게요. 하나님은 어떤 사람을 자신의 일꾼으로 부르실까요? 1번 돈이 많은 사람, 2번 잘생긴 사람, 3번 똑똑한 사람, 4번 순종하는 사람. 정답은 당연히 4번이지요. 돈이 많다고 해서 하나님의 일꾼이 되는 게 아니에요. 잘생겼다고 되는 게 아니에요. 똑똑하다고 되는 게 아니에요. 하나님의 일꾼이 되려면 바로 하나님을

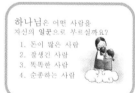

향한 순종이 필요해요. 모세는 이집트 왕궁에서 좋은 교육을 받아서 똑똑할지 모르지만 순종하는 모습은 부족했어요. 그래서 하나님은 40년 동안 양을 치는 목자로 모세를 훈련시키신 거예요.

말씀을 볼게요. 10절 말씀에 보면 "이제 나는 너를 바로에게 보내어, 나의 백성 이스라엘 자손

을 이집트에서 이끌어 내게 하겠다."고 하셨어요. 하나님은 모세에게 할 일을 주시고 있어요. 이집트 왕궁에서 왕자로 있을 때 하나님은 모세를 일꾼으로 부르지 않으셨어요. 모세 자신이 이제는 완전히 망했다고 생각했을 때, 하나님은 그를 일꾼으로 부르셨어요. 이제 모세에게 새로운 인생이 시작되었어요. 양을 치는 목자의 생활에서 이스라엘 백성을 이집트에서 구출할 지도자의 생활이 시작된 것이에요.

이제 나는 너를 바로에게 보내어 나의 백성 이스라엘 자손을 이집트에서 이끌어 내게 하겠다.
(출애굽기 3장 10절)

여러분, 하나님은 가난하게도 하시고 부자로도 살게 하시고 높은 자리에 있게도 하시고 낮은 자리에 있게도 하세요. 내가 가난하냐, 부자냐가 중요한 게 아니에요. 정말 중요한 것은 하나님께서 부르실 때 "네!"하며 순종하고, 하나님께서 여러분에게 주신 새로운 목표를 발견하는 게 중요한 거예요. 믿음의 눈으로 자신을 바라보는 여러분이 되기를 기도해요.

04 [플래시 설교]

기억하고 지켜야 할 날

배울말씀 : 출애굽기 12:1~14

달력을 보면 빨간색으로 된 날짜가 있어요. 이날은 쉬는 날인데요, 국가공휴일이라고 해요. 국가공휴일에는 국가기념일과 명절이 있어요. 국가기념일은 국경일이라고 하는데 이날은 나라에서 기념하고 경축하는 날이에요. 나라에서 기념식을 하기도 하죠. 하지만 명절은 그 나라에서 전통적으로 옛날부터 지내온, 특별하게 경축하는 날이에요. 명절은 즐거운 날이에요. 하지만 국가기념일은 슬픈 날도 있어요.

우리나라의 국가기념일에는 어떤 날이 있죠? 삼일절, 제헌절, 광복절. 이 밖에도 많이 있어요. 그러면 우리나라의 명절은 뭐가 있을까요? 대표적으로 설날, 추석이 있어요.

추석이나 설날에는 대부분의 사람들이 고향에서 모여요. 맛있는 것을 해서 나눠 먹기도 하고, 부모님께서 용돈을 주시기도 하고, 선물을 준비해서 나눠 주기도 해요. 예수님을 믿지 않는 사람들이 명절에 모이면 제사를 드리지만 예수님을 믿는 사람들이 모이면 제사 대신 가정예배를 드리기도 해요. 왜 명절에는 제사나 예배를 드릴까요? 예수님을 안 믿는 사람들은 '조상들의 은덕에 감사합니다.' 하면서 제사를 드리는 것이고요, 예수님을 믿는 사람들은 '지금까지 지켜주시고 인도하신 하나님께 감사합니다.' 하면서 예배를 드리는 것이지요. 우리가 일 년 중에 특별한 날을 명절로 정해서 기억하는 것은 하나님께서 우리를 지키고 인도하신다는 것을 잊지 말자는 것이에요.

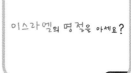

어느 나라에나 국가기념일이나 명절이 있어요. 이스라엘에도 명절이 있는데 혹시 아는 친구 있어요? 오늘 말씀에는 이스라엘 명절 중 하나인 유월절에 대해서 나와요. 함께 배워 봐요.

이스라엘의 명절을 아세요?

먼저 유월이란 말을 한문으로 풀이해 보면 유는 넘을 유, 월은 건널 월로, 넘어가고 건너간다는 말이에요. 뭐가 넘어간다는 말일까요?

모세가 이집트에서 이스라엘 백성을 데리고 나오기 위해 바로 왕에게 가서 이야기했지만 바로 왕은 이스라엘 백성을 놓아주지 않았어요. 그래서 하나님은 모세를 통해 하나, 둘, 셋, … 무려 아홉 가지 재앙을 내렸어요. 그런데도 바로 왕은 고집을 꺾지 않았어요. 하나님은 마지막으로 이집트에서 난 것 중에서 처음 난 것은 다 죽게 되는 재앙을 준비하셨어요. 무섭죠! 그런데 하나님은 이스라엘 백성에게 이 일을 미리 말씀하셨고, 양을 잡아 그 피를 집 현관문 양쪽 기둥과 위쪽에 바르면 하나님의 재앙이 그 집을 넘어간다고 말씀하셨어요. 자, 여기서 '넘어간다' 는 말이 나와요. 이집트 사람들에게는 재앙이 내리지만 양의 피를 바른 이스라엘 백성은 재앙에서 넘어간 것을 기억하기 위해 지키는 날이 바로 유월절이에요.

출애굽기 12장 14절 말씀에 보면 "이 날은 너희가 기념해야 할 날이니, 너희는 이 날을 주 앞에서 지키는 절기로 삼아서 영원한 규례로 대대로 지켜야 한다."고 하세요. 하나님은 이 날을 영원히 지키라고 말씀하셨어요. 하나님께서 이렇게 말씀하신 이유는 하나님께서 이스라엘 백성을 보호하고 있다는 것을 기억하라는 것이에요. 우리 하나님

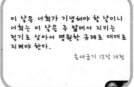

은 옛날에만 이스라엘 백성을 재앙에서 구해주셨던 것이 아니라 현재에도 그렇게 하시고, 앞으로 올 미래에도 이스라엘 백성을 구해주실 거예요. 또 그와 같이 하나님의 백성인 우리를 인도하시고 보호해 주신답니다.

"더도 말고 덜도 말고 한가위만 같아라."라는 말이 있어요. 옛날에는 한해 농사를 끝내고 오곡을 수확해서 가장 풍성한 때가 추석이었어요. 그래서 이런 말이 나왔다고 해요. 우리는 더도 말고 덜도 말고 유월절만 같아서 늘 하나님께서 우리를 지키고 인도하신다는 것을 믿으며 살았으면 좋겠어요.

늘 하나님께서 여러분을 지키고 인도하신다는 것을 믿는 어린이가 됩시다.

05

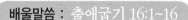

[플래시 설교]

기대

배울말씀 : 출애굽기 16:1~16

Ⅱ

출애굽 이야기

'솜사탕'이란 동요가 있어요. 아는 친구 있나요? 함께 불러 봐요. (악보를 미리 준비한다.) "나뭇가지에 실처럼 날아든 솜사탕 / 하얀 눈처럼 희고도 깨끗한 솜사탕 / 엄마손 잡고 나들이 갈 때 먹어본 솜사탕 / 훅훅 불면은 구멍이 뚫리는 커다란 솜사탕"

겨울에 하늘에서 하얀 눈 대신 하얀 솜사탕이 내리면 얼마나 좋을까요? 아마 그러면 우리 친구들은 하루 종일 밖에서 놀겠죠?

성경에 보면 솜사탕 비슷한 것이 하늘에서 내린 적이 있어요. 오늘 말씀은 그 이야기를 하고 있어요. 솜사탕은 아니지만 솜사탕처럼 하얗고 꿀을 섞은 과자와 같은 맛이 난다고 해요(31). 꿀을 섞은 과자와 같다고 하니까 그 맛이 달콤하겠죠. 이런 것이 하늘에서 내려왔대요. 하루도 아니고 무려 40년 동안이나 말이에요. 이것을 '만나'라고 해요.

이스라엘 백성이 이집트에서 탈출해서 간 곳은 광야였어요. 성경에서 말하는 광야는 사막이에요. 모래나 돌, 흙밖에 없는 사막은 비가 별로 오지 않아서 물이 귀한 곳이에요. 그러니 여기서 농사를 짓기는 힘들겠죠? 먹을 것도 별로 많지 않아요.

이스라엘 백성이 이집트에서 나온 지 두 달하고도 15일이 지났어요 (1). 그들이 가지고 온 양식이 다 떨어지고 말았어요. 그래서 이스라엘 백성은 모세와 아론에게 불평하기 시작했어요. "왜 우리를 이 광야로 끌고 나와서, 모든 사람을 굶어죽게 하고 있습니까?" 사람들은 모세와 아론을 통해서 하나님께 불평을 하고 있어요.

솜사탕
나뭇가지에 실처럼 날아든 솜사탕
하얀 눈처럼 희고도 깨끗한 솜사탕
엄마손 잡고 나들이 갈 때 먹어본 솜사탕
훅훅 불면은 구멍이 뚫리는 커다란 솜사탕
동영듣기 ▶

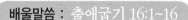

어린이 여러분, 여러분의 부모님이 오늘 저녁 식사를 주실까요, 안 주실까요? 분명히 주실 거예요. 그러면 내일 아침 식사는 주실까요, 안 주실까요? 분명히 주실 거예요. 다음 날도 그 다음 날도 여러분의 부모님은 틀림없이 아침, 점심, 저녁을 꼭 챙겨주실 거예요. 이것은 틀림없어요. 우리는 보통 내일은 무엇을 주실까 기대하지, 밥을 먹지 못한다는 생각은 하지 않아요. 그렇죠?

우리는 부모님께서 매일 맛있는 밥을 주신다는 믿음이 있어요. 오늘 김치볶음밥을 먹었다면 내일은 무엇을 주실까 기대하는 것은 이상하지 않아요. 자식이라면 당연히 할 수 있는 생각이에요.

자, 그러면 이스라엘 백성은 어떻게 했는지 살펴볼까요? 이스라엘 백성에게 하나님은 부모님과 같은 분이세요. 이집트 바로 왕에게 고통을 받고 있을 때 하나님은 모세를 보내 주셔서 이스라엘 백성을 이집트에서 나오게 하셨어요. 그리고 이집트 군대가 이스라엘 백성을 잡으려고 올 때 기적을 베푸셔서 이스라엘 백성만 홍해바다를 건너가게 하셨어요. 밤에는 불기둥으로 따뜻하게 인도하셨고, 낮에는 시원하게 구름 기둥으로 인도하셨어요.

하나님께서 이스라엘 백성을 위해 이처럼 놀라운 일을 하셨으니 이스라엘 백성에게는 큰 일이 생기면 이제 하나님께서 어떻게 도와주실까 하는 기대감이 있어야 할 것 같아요. 이것은 우리의 부모님이 우리에게 매일 맛있는 밥을 주실 것이라고 믿는 것과 똑같은 거예요. 그런데 이스라엘 백성은 그렇지 않았어요. 그들이 하는 일이라곤 늘 불평, 투정뿐이었어요. 조금만 불편하면 모세와 아론에게 달려가서 하나님께 대들곤 했어요.

여러분, 하나님은 분명히 우리를 좋은 곳으로 인도하시는 분이에요. 그런데 우리가 상급학교로 진학하기 위해서 열심히 공부하는 것처럼, 하나님께서 우리를 훈련시키실 때가 있어요. 훈련은 어려운 것이에요. 때로는 힘들 때도 있어요. 하지만 이런 훈련을 잘 통과하면 좋은 것이 기다리고 있어요. 하나님은 훈련을 통해서 우리를 더욱 강하게 하시고, 하나님의 사람으로 만드세요. 그리고 이런 과정에서 우리는 하나님께서 다음에는 우리에게 어떤 좋은 것을 주실까, 우리를 어떤 좋은 곳으로 인도하실까 하는 기대를 할 수 있어요.

어린이 여러분, 믿음이 있는 어린이의 모습은 바로 '기대'를 하는 어린이의 모습이에요. 불평하는 이스라엘 백성과 같은 어린이가 아니라 하나님께서 앞으로 여러분에게 행하실 놀라운 일을 기대하며 사는 어린이들이 되세요.

서로 도우며 함께 가요

배울말씀 : 출애굽기 17:8~16

어느 마을에 앞을 보지 못하는 장애인이 살고 있었어요. 앞을 보지 못하기 때문에 할 수 있는 일이 별로 없었지요. 그는 동냥을 하며 하루하루 살고 있었어요.

그러던 어느 날이었어요. 이 마을에 걷지 못하는 앉은뱅이가 나타났어요. 그 역시 할 수 있는 일이 별로 없어서 마을에서 동냥을 하며 살아갔어요.

눈이 안 보이는 장애인은 예전에는 마을에 거지가 자기밖에 없어서 먹는 것에 부족함이 없었는데, 앉은뱅이 장애인이 온 이후로는 그에게 들어오는 음식이 반으로 줄어들어 앉은뱅이에게 은근히 불만이 있었어요.

그러던 어느 날, 앞을 못 보는 장애인이 길을 가는데 외나무다리를 만났어요. 앞이 보이지 않으니 혼자서는 다리를 못 건너가지요. 혹시나 하고 다른 사람들이 오기를 기다리고 있는데 뒤에서 누가 불러요. 목소리를 들어보니 앉은뱅이 장애인이었어요.

앉은뱅이 장애인이 앞을 못 보는 장애인에게 "혼자 다리를 못 건너가지? 나도 혼자 못 건너가." 그러면서 우리가 건너갈 방법이 있다고 말했어요. "어떻게?" 앉은뱅이 장애인이 물었어요. "나는 볼 수 있지만 걷지는 못하고 자네는 걸을 수 있지만 보지 못하니까, 자네가 나를 업으면 돼!"

앞을 못 보는 장애인은 앉은뱅이 장애인을 등에 업어 다리 역할을 대신했고, 앉은뱅이 장애인

은 앞을 못 보는 장애인의 눈 역할을 대신했어요. 그래서 그들은 무사
히 다리를 건너갈 수 있었어요. 서로 협력하며 살아가는 모습을 본 동
네 사람들은 음식을 아까워하지 않고 베풀었어요. 비록 거지요, 신체
적 아픔이 있는 장애인이었지만 두 사람은 하루하루 행복하게 살 수
있었어요.

이렇게 장애를 가진 사람들도 마음이 맞으면 불가능한 일을 할 수 있고 사람들에게 칭찬을 받
으며 살아갈 수 있어요. 중요한 것은 서로 도우며 살아가는 것이지요. 서로 도우며 살아간다는 것
은 쉬우면서도 어려운 일이에요. 하지만 서로 도우면 불가능한 일도 가능하게 된답니다.

자, 말씀으로 들어갈게요. 오늘 말씀은 이스라엘 백성이 아말렉 족속과 싸우는 이야기예요. 당
시 이스라엘 백성은 광야, 사막을 지나고 있었어요. 60만 명이 넘는 사람들이 사막을 지나간다는
것은 굉장히 어려운 일이에요. 하루 종일 걸어본 친구들은 걷는 일이 얼마나 힘든지 알 거예요. 그
런데 이스라엘 백성은 눈만 뜨면 하는 일이 걷는 거예요. 그러다 보니 아픈 사람도 생기고 지치는
사람도 생겼지요. 그런데 아말렉 족속은 이런 사람들을 기다렸다가 산
적처럼 나타나서 사람을 죽이고 물건을 빼앗는 사람들이에요. 굉장히
못된 사람들이지요. 옛날이나 지금이나 힘이 약한 사람들을 괴롭히는
사람들은 하나님이 싫어하세요. 그런 사람들에게 하나님은 벌을 주세
요.

아말렉 사람들이 이스라엘 사람들을 공격하기 시작했어요. 모세가
여호수아에게 말했어요. "젊은 사람들을 데리고 가서 아말렉과 싸우
시오. 나는 하나님의 지팡이를 손에 잡고 산꼭대기에 서 있겠소." 여
호수아는 나가서 싸우게 하고 모세는 산에 올라가서 하나님께 기도하
겠다는 것이에요.

모세가 산꼭대기에서 손을 들고 기도하
면 이스라엘이 이기고 손을 내리면 아말렉
이 이겼어요. 모세가 피곤하여 팔을 들 수
없게 되자 같이 간 아론과 훌이 모세를 앉
게 하고 한 쪽씩 팔을 잡으며 기도하게 했

어요. 이렇게 되자 여호수아는 아말렉 족속과의 싸움에서 이길 수 있었어요.

오늘 말씀에서 보면 젊고 힘이 센 여호수아와 젊은 사람들은 아말렉과 싸우러 나갔어요. 나이 든 모세는 하나님께 기도하러 산에 올라갔어요. 그리고 모세를 도우러 아론과 훌이 함께 갔어요. 이들은 각자 자기가 할 수 있는 일에 최선을 다했어요. 그 결과 질 수도 있었던 싸움에서 이겼어요.

어린이 여러분, 모든 사람은 잘하는 일이 한 가지씩 있어요. 어떤 어린이는 그림을 잘 그리고, 어떤 어린이는 피아노를 잘 쳐요. 또 어떤 어린이는 운동을 잘해요. 중요한 것은 자기가 어떤 일을 잘한다고 잘난 체 하는 게 아녜요. 내가 이것을 잘하고 이것을 못하니까 서로 돕고 사는 것이 중요한 것이지요. 간혹 학교 친구들 중에 무엇을 하든 못하는 것처럼 보이는 친구가 있어요. 하지만 잘 살펴보면 이런 친구들도 잘할 수 있는 일이 있어요. 하나님은 우리 친구들이 서로 도우면서 사는 모습을 기뻐하세요. 학교에서 친구들을 왕따 시키지 말고 서로 도우며 사는 친구들이 되세요.

하나님 사랑 이웃 사랑

배울말씀 : 출애굽기 20:1~17

여러분, 닭에는 날개가 몇 개 있나요? 그렇죠, 두 개가 있죠. 그러면 독수리 날개는 몇 개일까요? 그렇죠, 두 개예요. 그러면 참새 날개는 몇 개일까요? 그래요, 두 개예요. 이처럼 모든 새는 날개가 두 개예요. 날개가 하나인 새는 없어요. 아무리 멀리 날고 힘이 센 독수리라고 해도 날개는 두 개이고, 힘이 없는 참새라고 해도 날개는 두 개예요.

두 날개로 날갯짓을 힘차게 할 때 비로소 새들은 하늘을 날아다닐 수 있어요. 이 날개 중에 하나라도 다치면 새들은 하늘을 날 수 없어요. 한쪽 날개가 짧아도 안 돼요. 길이가 같아야 해요. 이 이야기를 잘 기억하면서 오늘 말씀을 들어봅시다.

오늘 말씀은 십계명에 대한 말씀이에요. 십계명을 다 외우는 친구가 있나요? 십계명은 하나님께서 이스라엘 백성에게 전하기 위해 모세를 불러서 시내 산에서 직접 써 주신 계명이에요. 계명이라는 말이 어렵죠. 이 말은 명령, 하나님의 명령이라고 할 수 있어요.

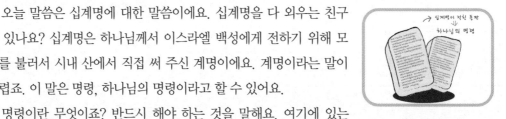

명령이란 무엇이죠? 반드시 해야 하는 것을 말해요. 여기에 있는 남자 어린이들은 대부분 대학교를 다닐 나이에 군대를 가게 돼요. 군인 아저씨들은 자기보다 계급이 높은 사람의 명령을 반드시 지켜야 해요. 계급이 높은 사람이 명령을 했는데 그것을 지키지 않으면 큰일 나요. 반드시 지켜야 해요. 그런데 열 가지 명령을 내렸다고 합시다. 아홉 가지는 열심히 했는데 한 가지는 하기 싫어서 하지 않았어요. 그렇다면 이 사람은 윗사람의 명령에 순종한 사람인가요? 아니에요. 열 가지를 시켰으면 그것을 다 해야 명령에 순종했다고 할 수 있어요. 십계명이 하나님의 명령이란 것은 우리가 반드시 지켜야 함을 이야기하는 것이에요.

오늘 성경말씀에 나오는 십계명은 두 부분으로 나눌 수 있어요. 첫째 부분은 첫 번째 명령부터 네 번째 명령까지로, 이 부분은 하나님을 사랑하라는 내용이에요. 둘째 부분은 다섯 번째 명령부터 마지막 명령까지로, 이 부분은 사람을 사랑하라는 내용이에요. 하나님은 사람들이 하나님만 사랑하고 이웃을 사랑하지 않거나 이웃을 사랑하고 하나님은 사랑하지 않는 모습을 원하지 않으셨어요. 새에게 두 날개가 필요하듯이 하나님은 우리에게 하나님을 사랑하고 이웃을 사랑하는 두 가지가 다 있어야 한다는 것을 십계명을 통해 가르쳐 주고 계세요. 이것은 어느 하나만 잘했다고 되는 것이 아니에요. 둘 다 잘해야 해요.

하나님을 사랑하는 것은 어떤 것일까요? 그래요, 우선 주일날 예배에 빠지지 않는 것이죠. 또 뭐가 있을까요? 주일날 전도사님 말씀대로 사는 것, 부모님이 주신 헌금 잘 드리는 것, 예배 시간에 떠들지 않는 것, 성경말씀 읽는 것, 밥 먹기 전에 기도하는 것. 이런 것들이 하나님을 사랑하는 것이에요.

그렇다면 이웃을 사랑하는 것은 어떤 것이 있을까요? 친구에게 복음을 전하는 것, 왕따 시키지 않는 것, 부모님 말씀 잘 듣는 것, 거짓말하지 않는 것, 심부름 잘하는 것, 먹을 것을 혼자 먹지 않고 나눠먹는 것. 이런 것들이에요. 그런데 어떤 친구들을 보면 교회는 열심히 나오는데 맛있는 것을 먹을 때 혼자만 먹는 친구가 있어요. 이런 친구는 날개가 하나 있는 친구인가요? 두 개 있는 친구인가요? 그렇죠, 날개가 하나밖에 없는 친구죠. 이런 친구들은 하늘을 날 수 있나요? 그래요, 없어요.

우리는 교회생활과 학교생활이라는 두 개의 날개를 생각할 수 있어요. 교회 열심히 잘 다니는 친구가 있다고 합시다. 그런데 이 친구 성적은 항상 꼴찌라고 생각해 봐요. 이런 친구를 하나님께서 좋아하실까요? 반대로 공부는 잘하는데 교회는 제대로 나오지 않는 친구들이 있다고 합시다. 이런 사람을 하나님께서 좋아하실까요? 아녜요, 하나님은 하나님을 사랑하고 이웃을 사랑하는 친구들을 사랑하듯이 교회도 열심히 다니고 공부도 잘하는 친구들을 사랑하세요. 공부를 잘한다는 것은 그만큼 열심히 노력하는 어린이라는 것을 증명하는 것이에요. 여기에 있는 어린이 여러분은 하나님도 사랑하며, 친구들과 사이좋게 지내고 또 공부도 열심히 하며 교회도 열심히 다니는, 두 날개를 가진 친구들이 되시기 바랍니다.

08 [파워포인트 설교]

눈에 안 보이는 하나님

배울말씀 : 출애굽기 32:1~8

여러분, 한 주간 동안 잘 지냈죠? 전도사님이 눈병이 났어요. 여러분이 보고 싶어서요. 전도사님이 여러분을 보고 싶어 한다고 해서 멀리 떨어져 있는 여러분이 갑자기 '쑤우욱!' 하고 나타날까요? 아니에요. 전화로 목소리를 들을 수는 있지만 멀리 있는 사람이 갑자기 만화영화에 나오는 것처럼 공간을 이동할 수는 없어요. 그런 사람이 있다면 영화에 나오는 슈퍼맨밖에 없을 거예요.

그런데 여러분, 전도사님이 여러분을 보고 싶어 하는데 여러분이 보이지 않는다고 해서, 여러분이 이 세상에 없는 건가요? 아니죠, 단지 눈에만 보이지 않을 뿐이지 여러분은 분명히 이 세상에 있어요. 단지 장소만 다른 곳에 있을 뿐이에요.

사람들은 꼭 보아야만 믿으려고 해요. 오늘 말씀에 나오는 이스라엘 백성도 그런 사람들이었어요. 모세가 하나님께 계명을 받으려고 시내 산에서 40일 동안 있었어요. 40일은 긴 시간일 수도 있고, 짧은 시간일 수도 있어요. 그런데 이스라엘 백성은 40일 동안 모세가 내려오지 않자 모세가 산에 올라갔다가 죽은 것으로 생각했어요. 옛날에는 산에 사자나 늑대 같은 사나운 짐승들이 있었잖아요. 전기불도 없었고요. 그래서 이스라엘 백성은 모세가 죽었다고 생각했나 봐요. 하지만 모세는 죽지 않았어요. 하나님께서 모세에게 하실 말씀이 많아서 이런저런 말을 하다 보니 시간이 길어졌던 것이지요. 그렇지만 산 밑에서 모세를 기다리던 이스라엘 백성은 모세가 죽은 것으로 생각했어요.

이스라엘 백성은 불안해하기 시작했어요. 왜냐하면 지금까지 이스라엘 백성을 인도했던 사람이 모세였는데 모세가 없으면 자신들을 가나안 땅으로 인도할 지도자가 없어지는 것이기 때문이죠. '혹시나 광야에서 길을 잃어버리면 어떡하지?' '다른 나라가 공격하면 어떡하지?' '혹시 만나

가 더 이상 안 내려오면 어떡하지? 그래서 이스라엘 사람들은 불안해했어요. 이스라엘 백성은 모세를 기다리다가 그가 오지 않자 모세를 대신해서 자신들을 인도할 신을 만들기로 했어요. 이스라엘 백성은 모세의 형 아론에게 가서 모세를 대신할 신을 만들어 달라고 했어요.

이스라엘 백성들은 모세의 형 아론에게 가서 모세를 대신할 신을 만들어 달라고 했어요.

(조그마한 인형이나 장난감을 준비한다.) 자, 여기에 인형이 하나 있어요. 이 인형하고 우리 친구들이 달리기하면 누가 이길까요? 당연히 여러분이 이기죠. 이 인형이 여러분 엄마처럼 맛있는 것을 해줄 수 있나요? 없죠. 그러면 이 인형이 할 수 있는 것은 뭐죠? 이 인형이 스스로 할 수 있는 것은 없어요. 우리가 가지고 노는 것밖에 없어요.

이것을 누가 만들었나요? 어떤 사람이 만들었는지는 모르지만 사람이 만든 것은 분명해요. 사람이 만든 이 인형이 하나님이 될 수 있나요? 하나님은 우리가 만들 수 있는 존재인가요? 아니죠. 오히려 하나님께서 우리를 만드시지, 우리가 하나님을 만들 수 있는 것이 아니에요.

그런데 이스라엘 백성은 이런 어리석은 행동을 하고 있어요. 자기들이 하나님을 만들려고 하고 있어요. 이들은 금으로 송아지를 만들었어요. 이렇게 하나님을 대신하는 것을 우상이라고 하는데, 우상을 만들고 섬기는 일은 하나님께서 가장 싫어하는 일이에요.

하나님이 가장 싫어하는 일이 우상을 만들고 섬기는 일이에요.

사람들은 이처럼 무엇이든지 눈에 보이는 것을 믿고 싶어 해요. 안 보이는 것은 잘 안 믿으려고 해요. 왜냐하면 보이는 것이 안 보이는 것보다 더 확실하거든요. 어린이 여러분, 오늘 예배를 마치고 집으로 돌아가면 우리는 일주일 뒤에나 만날 수 있어요. 그러면 전도사님이나 여러분이 서로 보지 못하기 때문에 없어지나요? 아니죠. 단지 눈에 보이지 않을 뿐이지 분명히 자기 집에서나 학교에서 잘 지내고 있어요. 그렇죠?

공기는 눈에 보이지 않아요. 그런데 공기가 있나요, 없나요? 있

바람은 있나요, 없나요?

우리 눈에 보이지 않지만 바람이 불면 머리카락이 날립니다.

분명히 존재하고 있어요~

어요. 바람은 눈에 보이지 않아요. 그렇다면 바람이 있나요, 없나요? 있어요. 우리의 눈에 보이지 않는다고 해서 그것들이 없는 것이 아니에요. 분명히 존재하고 있는 것들이에요.

하나님도 마찬가지예요. 하나님은 우리 눈에 보이지 않아요. 우리 눈에 안 보인다고 해서 우리가 하나님을 어떤 물건, 인형이나 장난감, 동물 모양이나 이상한 그림으로 표현할 수 없어요. 하나님께서는 우  리 눈에 보이지는 않지만 분명히 지금 이 시간에도 우리를 지켜보고 계시고 우리를 지켜 주고 계세요.

어린이 여러분, 하나님이 눈에 보이지 않는다고 해서 사람이 만든 우상들을 믿는 행동을 하지 말고, 믿음의 안경으로 하나님을 보는 친구들이 되세요. 또 우리를 지켜 주시는 하나님을 친구들에게 전하는 여러분이 되시기 바랍니다.

09 [파워포인트 설교]

하나님 잘못했어요

배울말씀 : 민수기 21:4~9

여러분 중에 혹시 나쁜 말을 한 번도 하지 않았거나 나쁜 행동을 한 번도 하지 않은 친구 있나요? 아빠, 엄마가 심부름을 시키면 다 하고, 욕심도 부리지 않고, 친구들과 한 번도 싸우지 않고, 마음으로라도 친구들을 미워해 본 적이 없는 친구 있나요? 없죠!

사람은 누구나 실수를 할 수 있고 죄를 지을 수 있어요. 사람이 죄를 짓고 나쁜 말을 하고 나쁜 행동을 하는 것은 사람이기 때문에 어쩔 수 없어요. 배가 고플 때 맛있는 음식이 있으면 내 것이 아니어도 먹고

싶은 생각이 들죠? 다른 친구들이 좋은 장난감을 가지고 있으면 나도 갖고 싶어요. 이것은 사람이기 때문에 어쩔 수 없이 드는 생각이에요. 문제는 우리가 실수로 아니면 자기도 모르게 죄를 지을 때 어떻게 하느냐예요.

여러분도 고집을 피우거나 반찬 투정을 하다가 부모님께 야단맞은 경험이 있을 거예요. 그런데 여러분이 "잘못했어요."라고 하면 부모님은 어떻게 하시죠? 용서해 주시죠. 우리는 실수를 할 수

있어요. 잘못도 저지를 수 있어요. 그런데 중요한 것은 실수를 하거나 나쁜 짓을 했을 때, 자기가 잘못한 것을 알아서 용서해 달라고 하는 일이에요. 이것을 기독교에서는 회개라고 해요.

이스라엘 백성 중에는 늘 투정을 부리는 사람들이 있었어요. 만나를 주어도 투정을 부리고, 물이 없을 때 물을 주어도 투정을 부리는 사람들이었어요. 하나님께서 이스라엘 백성을 이집트에서 데리고 나오신 것은 그들이 살 땅을 주기 위해서거든요. 그런데 이스라엘 사람들은 조금만 참으면 자기들이 주인이 될 땅에 갈 수 있는데 그새를 못 참고 투정을 부리곤 했어요. 아주 많이요.

이스라엘 백성 중에는 늘 투정을 부리는 사람들이 있었어요.

오늘 말씀에도 이스라엘 사람들은 투정을 부리고 있어요. 이스라엘 백성이 가나안 땅으로 가기 위해서는 에돔이라는 나라를 지나가야 하는데 이 에돔이라는 나라가 자기 나라를 지나가지 못하게 했어요. 그래서 이스라엘 사람들은 그 나라 옆으로 돌아갈 수밖에 없었어요. 길을 걷는 동안 사람들이 투정을 부리기 시작했어요. 하나님과 모세를 원망했어요. 이 원망의 소리를 듣고 하나님께서 불뱀을 보냈어요. 이 불뱀이 사람들을 무니 이스라엘 백성이 많이 죽었어요.

이스라엘 백성이 모세에게 와서 잘못했다고 용서해 달라고 했어요. 모세는 하나님께 기도했어요. 모세의 기도를 하나님께서 들으시고 모세에게 말씀하셨어요. "너는 불뱀을 만들어 기둥 위에 달아 놓아라. 물린 사람은 누구든지 그것을 보면 살 것이다."

이스라엘 백성들이 모세에게 와서 잘못했다고 용서해 달라고 했어요.

모세는 이 이야기를 듣고 구리로 뱀 모양을 만들어서 그것을 기둥 위에 달아 놓았어요.

그런데 신기한 일이 벌어졌어요. 뱀에 물려도 모세가 만든 구리 뱀 모양을 쳐다본 사람들은 죽지 않고 살아났어요. 참으로 신기한 일이지요. 이 일은 하나님이기 때문에 가능한 일이에요.

그런데 신기한 일이 벌어졌어요.

한 명은 놋 뱀을 보고 깨끗이 나아서 좋아했어요.

나머지 한 명은 고집스러운 얼굴로 놋 뱀을 쳐다보지 않다가 죽었어요.

이 일은 하나님이기 때문에 가능한 일이에요.

자, 오늘 말씀에서 이스라엘 백성은 하나님께 버릇없이 굴다가 혼이 났어요. 하지만 이스라엘 백성이 회개를 했을 때 하나님은 이스라엘 백성이 살아날 수 있는 방법을 알려 주셨어요. 구리로 만든 불뱀을 쳐다보기만 하면 죽지 않고 살아난 것 말이죠.

여러분, 우리가 나쁜 말이나 나쁜 행동을 안 하는 것, 죄를 안 짓는 것이 제일 좋지만 우리가 알지 못하는 사이에 죄 짓는 일이 생긴다면 가장 먼저 회개를 해야 해요. 하나님께서 보실 때 사람들은 어린 아이나 마찬가지이기 때문에 잘못을 해도 용서해 주세요. 그런데 잘못하지 않았다고 고집을 피우면 부모님이 더 화를 내시는 것처럼, 우리가 잘못했는데 하나님께 회개를 하지 않으면 하나님은 우리를 더 혼내 주세요. 여러분, 우리가 잘못했을 때 하나님께 "잘못했습니다."라고 하면 하나님은 우리를 용서해 주세요.

혹시나 여러분이 잘못을 하게 되면 핑계대지 말고 하나님께 "잘못했어요."라고 회개하는 친구들이 되시기 바랍니다.

우리가 잘못을 했을 때 하나님께
"잘못했습니다."
라고 하면 하나님은 우리를
용서해 주세요~

[플래시 설교]

우리와 함께하는 하나님

배울말씀: 여호수아 1:1~9

오늘은 먼저 재미있는 이야기를 할게요. 어두운 곳을 무서워하는 아이가 있었어요. 어느 날 밤 엄마가 아이에게 뒷마당에 있는 빗자루를 가지고 오라고 시켰어요. "엄마, 바깥은 캄캄해서 무서워요" "아가, 밖에는 예수님이 계신데 뭐가 무섭니? 널 지켜 주실 거야." "정말 밖에 예수님이 계세요?" "그럼, 그분은 어디에든 계신단다. 네가 힘들

때 널 도와주신단다." 그러자 아이가 잠시 생각하더니 뒷문을 살짝 열고 틈새로 말했어요. "예수님, 거기 계시면 빗자루 좀 갖다 주실래요?"

또 다른 이야기가 있어요. 자전거를 배우려는 어린이가 있었어요. 아빠가 이 어린이에게 자전거 타는 법을 가르쳐 주기로 했어요. 아빠가 쉬는 날, 이 어린이와 아빠는 공터에서 자전거 연습을 했어요. 아빠가 뒤에서 넘어지지 않게 잡아 주었어요. 한 번 두 번은 아빠가 뒤에서 잡아 주었는데, 세 번이 지나면서 아빠는 잡는 시늉만 하고 잡지

는 않았어요. 하지만 이 어린이는 아빠가 잡은 줄 아니까 넘어지지 않고 자전거를 탔고 그렇게 해서 쉽게 자전거를 배울 수 있었어요.

자, 두 이야기 중에서 첫 번째 어린이는 예수님이 자기를 지켜 준다고 믿는 어린이였나요, 믿지 못하는 어린이였나요? 예수님이 정말로 지켜 준다고 믿는 어린이였으면 아마 뒷마당에 있는 빗자루를 혼자 가지러 갔겠죠? 그런데 뒷문을 열고 "예수님, 거기 계시면 빗자루 좀 갖다 주세요."라고 말한 것은 예수님이 자기를 지켜 준다는 것을 믿지 못하는 어린이의 모습이에요.

두 번째 이야기에 나오는 친구는 뒤에서 아빠가 자전거를 잡아 준다는 믿음이 있어서 넘어지지 않고 자전거를 탈 수 있었어요. 이 어린이는 아빠가 잡아 준다는 믿음이 있어서 처음에는 잡아 주

던 아빠가 나중에는 잡아 주지 않았어도 자전거를 쉽게 배울 수 있었던 거지요.

자, 말씀으로 들어갑시다. 오늘 말씀에 보니 이스라엘 민족을 이끌었던 모세가 죽었어요. 그 뒤를 이어서 여호수아가 이스라엘 민족을 이끄는 사람이 되었어요. 여호수아는 무척 불안했을 거예요. 왜냐하면 모세가 이스라엘 민족을 잘 인도했기 때문이죠. "내가 잘 할 수 있을까?" "내가 모세 선생님처럼 이 백성을 잘 인도할 수 있을까?" 이런 저런 생각이 들어서 잠도 못 잤을 거예요.

모세의 뒤를 이어 이스라엘 민족을 이끄는 사람은 여호수아가 되었어요.

이런 여호수아에게 하나님은 말씀하셨어요. "오직 너는 크게 용기를 내어, 나의 종 모세가 너에게 지시한 모든 율법을 다 지키고, 오른쪽으로나 왼쪽으로 치우치지 않도록 하여라. 그러면 네가 어디를 가든지 성공할 것이다(7)." 하나님은 여호수아에게 불안해하지 말고 용기를 내라고 말씀하고 계세요. 하나님께서 어디를 가든지 함께하고 어느 때든 함께하신다고 말씀하고 계세요.

오직 너는 크게 용기를 내어 나의 종 모세가 너에게 지시한 모든 율법을 다 지키고, 오른쪽으로나 왼쪽으로 치우치지 않도록 하여라. 그러면 네가 어디를 가든지 성공할 것이다.
(여호수아 1장 7절)

우리가 무슨 일을 할 때 가장 중요한 것은 마음가짐이에요. 내가 비록 어리지만 하나님께서 나와 함께하시기 때문에 나는 이 일을 할 수 있다는 마음가짐이 있어야 다른 사람들은 어렵다고 하는 일을 할 수 있어요. 어린 다윗이 블레셋 장군 골리앗을 이길 수 있었던 것은 그에게 좋은 무기가 있었기 때문이 아니에요. 어린 다윗이 무기로 가지고

우리가 무슨 일을 할 때 가장 중요한 것은 마음가짐이에요.

있었던 것은 돌멩이밖에 없었어요. 골리앗은 키도 2m가 넘고 갑옷을 입고 있었고, 큰 칼을 가지고 있었어요. 사람들은 다윗이 골리앗에게 싸움을 거는 것은 어리석은 행동이라고 생각했어요. 하지만 다윗은 하나님께서 자기와 함께하기 때문에 이길 수 있다고 생각했어요. 그리고 하나님께서 자기를 지켜 준다는 마음으로 나갔어요. 그래서 어떻게 됐죠? 그렇죠, 어린 다윗이 이겼어요.

하나님은 여호수아에게 언제나 너와 함께하겠다고 하시면서 용기를 내라고 말씀하셨어요. 이 말씀은 지금 어린이 여러분에게 하시는 말씀이기도 해요.

하나님께서 여러분과 함께한다는 믿음을 가지세요. 하나님께서 함께한다고 학교에 가서 다른 친구들에게 싸움을 걸지는 말고요.

하나님께서 여러분과 함께한다는 믿음을 가지세요!

운동을 하든지, 공부를 하든지, 청소를 하든지, 하나님께서 여러분과 늘 함께한다는 것을 잊지 마시고 승리하는 어린이들이 됩시다.

라합의 믿음

배울말씀 : 여호수아 2:1~11

여러분, 속담이라는 것 아시죠. 옛날부터 우리에게 전해 내려오는 좋은 말을 속담이라고 해요. 여러분이 아는 속담 있나요? 누구 말해 볼 친구 있나요? 네, 많이들 아네요.

전도사님도 아는 속담을 이야기해 볼게요. "백문이 불여일견이다." 이 말을 아는 친구가 있나요? 백 번 듣는 것보다 한 번 보는 것이 더 낫다는 말이에요. 말로 설명을 듣는 것보다 한 번 보는 것이 더 빨리 배울 수 있겠죠? 사람들은 이처럼 듣는 것보다 보는 것을 더 믿으려고 해요. 왜냐하면 듣는 것은 내가 경험하지 못하지만 보는 것은 내가 직접 보기 때문에 직접 체험할 수 있어서예요.

> 백문이 불여일견이다.
> ⇩
> 백 번 듣는 것보다
> 한 번 보는 것이 더 낫다.

그런데요. 교회에서 말하는 믿음은 반대예요. 보아서 믿는 것이 아니라 들어서 믿는 것이에요. 오늘 말씀을 통해서 믿음에 대해 더 배워봅시다.

오늘 말씀의 주인공은 라합이라는 여자예요. 라합은 여리고성 사람이에요. 여리고성 사람들은 우상을 믿는 사람들이었는데 라합은 하나님을 믿고 있었어요. 라합은 이스라엘 백성처럼 하나님의 기적을 경험한 것도 아니고, 은혜를 경험한 사람도 아니에요. 단지 하나님께서 여러 가지 많은 기적으로 이스라엘 백성을 보호하셨고 또 하나님께서

보호하시기에 이스라엘이 모든 싸움에서 이겼다는 이야기를 들었을 뿐이에요. 라합은 이런 이야기를 듣고 하나님을 믿기로 한 사람이었어요.

그러던 어느 날, 이스라엘 사람 두 명이 여리고 성을 정탐하려다가 사람들에게 들켜 도망치던

중 라합네 집으로 들어왔어요. 여리고성 왕이 라합에게 두 사람을 자기에게 데려오라고 했지만 라합은 어디 갔는지 모르겠다고 하며 두 사람을 숨겨 주고 도망치게 도와주었어요. 라합이 이스라엘 정탐꾼을 도

와준 이유는 하나님께서 이스라엘 백성을 지키시고 인도하신다는 것을 믿었기 때문이에요. 그리고 그 하나님이 여리고성을 이스라엘 백성에게 주실 것을 믿고 있었어요. 그래서 라합은 이스라엘 사람들을 도와주게 된 거예요.

이스라엘 백성의 소식을 들고 하나님을 믿기로 한 라합 덕분에 라합네 가족과 친척은 나중에 이스라엘 백성이 여리고성에 왔을 때 모두 안전하게 살 수 있었어요. 이스라엘 사람 두 명을 도와주어서 이스라엘 사람들도 라합네 가족과 친척을 도와주었어요. 그리고 라합은 이스라엘 사람 살몬의 아내가 되어 예수님의 조상이 될 수 있었어요.

조금 어려운 이야기를 할게요. 여러분, 믿음이 무엇일까요? 어떨 때 믿는다고 하죠? 사람들은 자기 눈앞에서 확실하게 일어난 일을 믿으려고 해요. 그런데 보는 것을 믿는 것은 믿음이 아니에요. 이런 것은 확인이라고 해요. 확인과 믿음은 달라요. 믿음은 일어나지 않을 일을 믿는 것을 말해요.

믿음이 무엇일까요?

| 보는 것을 믿는 것 | ⇨ | 확 인 |
| 일어나지 않은 일을 믿는 것 | ⇨ | 믿 음 |

눈에 보이는 것을 믿는 것은 믿음이 아니에요. 라합은 이스라엘 백성에게 일어난 여러 가지 일들을 직접 보았나요? 아니에요. 보지 못했어요. 단지 듣기만 했어요. 그런데도 하나님을 믿었어요. 믿음은 우리가 직접 보지 못했어도 믿는 것을 말해요.

그렇다고 해서 무조건 아무거나 믿으라는 것은 아니에요. 어떤 어른들은 돈이 많으면 모든 것을 할 수 있다고 믿어요. 또 어떤 어른들은 공부를 많이 하면 모든 것을 다 할 수 있다고 믿어요. 또 어떤 어른들은 싸움을 잘하면 모든 것을 다 할 수 있다고 믿어요. 그러나 이런 것도 믿음의 모습이 아니에요.

성경에 보면 "믿음은 들음에서 나고 들음은 하나님 말씀에서 난다."고 말씀하고 있어요. 이 말씀은 믿음이 생기기 위해서는 먼저 들어야 한다고 해요. 그렇다면 무엇을 들어야 한다는 것일까요? 어떤 이야기를 들어야 하죠? 그렇죠, 설교 말씀, 분반 공부할 때 선생님 말씀.

믿음은 들음에서 나고 들음은 하나님의 말씀에서 난다.
(로마서 10:17)

이런 말씀을 들을 때 우리에게 믿음이 생긴다는 것이에요. 설교 시간이나 분반공부 시간에는 시험문제를 풀어 주지 않아요. 하나님이나 예수님 또는 믿음의 조상들에 대해서 이야기를 해요. 이런 이야기를 잘 들으면 믿음이 생긴다는 이야기예요.

그런데 전도사님이나 선생님들이 꾸며낸 이야기를 하나요? 아니죠, 전도사님이나 선생님들은 성경에 나오는 이야기를 해요. 그래서 우리가 믿는 것은 성경에 나오는 이야기를 믿는 것이에요.

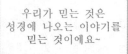

우리가 믿는 것은 성경에 나오는 이야기를 믿는 것이에요~

자, 다시 물어볼게요. 우리는 무엇을 믿어야 하죠? 그렇죠. 성경 말씀을 믿어야 해요. 성경 말씀을 믿는 것을 믿음이라고 해요. 라합이 하나님에 대한 이야기를 믿었을 때 예수님의 조상이 되는 복을 받은 것처럼 우리 어린이들도 하나님의 말씀인 성경 말씀을 믿어서 하나님의 복을 받는 어린이가 되시기 바랍니다.

우리는 성경 말씀을 믿어야 해요~

기적을 일으키는 순종

배울말씀 : 여호수아 6:1~10

옛날옛날에 큰 부자가 살고 있었어요. 그 부자에게 어느 날 두 명의 청년, 차돌이와 순돌이가 찾아왔어요. "영감님, 돈을 벌고 싶어 왔습니다. 이 집에서 일을 하면서 돈을 벌게 해 주세요." 큰 부자는 좋다고 했어요. 차돌이와 순돌이는 삼년 동안 열심히 일했어요. 얼마나 열심히 했는지 부자는 차돌이와 순돌이 덕분에 더 큰 부자가 되었어요.

차돌이와 순돌이

이제 3년이 되었어요. 부자는 차돌이와 순돌이에게 같이 일하자고 했지만 이들은 자기 고향으로 돌아가 부모님을 모셔야 한다고 했어요. 그러자 큰 부자는 마지막으로 부탁을 했어요. "너희들에게 부탁이 있다. 내가 나중에 쓸 수 있게 새끼줄을 꼬아 주었으면 한다. 가능하면 가늘게 꼬아다오." 부탁을 받은 후 차돌이는 자기 방으로 돌아와서 새

새끼줄에 엽전을 꿸 수 있는 만큼 가져가라고 했어요.

끼를 꼬기 시작했어요. 새끼줄을 가늘게 꼰다는 것은 생각만큼 쉬운 일이 아니어서 차돌이는 열심을 다해 새끼줄을 꼬았어요. 반면 순돌이는 밤늦게까지 놀다가 다음날 아침이 되어서야 새끼를 꼬았지요. 마지막이라고 생각해서였을까요? 순돌이는 새끼줄을 굵게 꼬았어요.

그리고 나서 차돌이와 순돌이는 부자에게 마지막 인사를 하러 갔어요. 그들을 본 부자가 이렇게 말했어요. "너희가 그동안 열심히 일했으니까 내가 너희에게 큰 상을 내리겠다." 그러더니 차돌이와 순돌이를 창고로 데리고 갔어요. 창고 안에는 엽전이 엄청나게 많이 있었어요. 부자가 말했어요. "자, 이제 너희가 어젯밤부터 꼰 새끼줄에 엽전을 꿸 수 있는 만큼 꿰어서 가져가거라." 차돌이와 순돌이는 엽전을 꿰기 시작했어요. 차돌이의 새끼줄은 가늘어서 엽전이 착착 들어가는데 순돌이의 새끼줄은 두꺼워서 아무리 노력해도 엽전이 들어가지 않았어요. 결국 순돌이는 엽전 하나밖에 가져가지 못했고, 차돌이는 새끼줄에 꿴 것

마차에 엽전을 가득 싣고 가는 차돌이와 엽전 한 개만 들고있는 순돌이.

이 너무 많아 부자가 내어준 마차에 엽전을 가득 담아서 집으로 돌아갈 수 있었다고 합니다.

　여러분, 잘 들었죠. 마지막까지 주인의 말씀에 순종한 사람은 부자가 되어 돌아갔지만 순종하지 않은 사람은 부자가 되지 못했다는 이야기예요. 부모님이나 선생님이 하시는 말씀은 여러분에게 도움이 되는 것들이에요. 여러분이 잘되라고 이야기하는 것들이지요. 그래서 어른들의 말씀에 순종하면 나중에 훌륭한 사람이 되는 것이에요.

　자, 오늘 말씀에도 하나님께서는 이스라엘 백성이 자신의 말을 듣는지 안 듣는지 시험을 하고 계세요. 오늘 말씀에 나오는 여리고 성은 굉장히 큰 성이에요. 이 성은 매우 튼튼한 성이어서 점령하는 것이 결코 쉽지 않아요. 그런데 하나님은 여리고 성을 점령할 수 있는 방법을

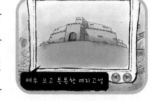

매우 크고 튼튼한 여리고성

이스라엘 백성에게 말씀하셨어요. "싸울 수 있는 모든 사람은 엿새 동안 여리고 성 주위를 한 바퀴씩 돌고 일곱째 날은 제사장이 나팔을 부는 동안 일곱 바퀴를 돌아라. 그리고 소리를 지르면 여리고 성이 무너질 것이다. 그런데 성을 도는 동안 절대 말을 하면 안 된다."

　이스라엘 백성은 성을 돌기 시작했어요. 아마 여리고 성 사람들은 이스라엘 백성이 이상한 짓을 한다고 놀려댔을 거예요. 하지만 이스라엘 백성은 아무 소리도 내지 않았어요. 하나님께서 명령하신 대로 조용히 돌기 시작했어요. 하루에 한 바퀴씩. 그렇게 해서 마지막 날이

에요. 한 바퀴, 두 바퀴… 마지막 일곱 바퀴. 이제 다 돌았어요. 이스라엘 사람들이 소리를 지르기 시작했어요.

　그런데 놀라운 일이 생겼어요. 끄떡도 하지 않을 것 같은 여리고 성이 마치 다이너마이트가 폭발한 것처럼 와르르 무너지고 말았어요. 여러분, 생각해 봐요. 성 주위를 돌고 나팔을 불고 큰 소리로 외친다고 해서 성이 무너지나요? 무너지지 않아요. 그런데 왜 여리고 성이 무너

졌을까요? 하나님께서 성을 무너뜨리셨기 때문이에요.

　하나님께서 어떤 일을 시키실 때 사람의 생각으로는 이해가 되지 않을 때도 있어요. 하지만 하나님이 하라고 하신 명령을 믿는 마음으로 순종하면, 우리가 생각하지 못한 기적이 일어나요. 여러분, 믿음의 어린이는 하나님 말씀에 순종하는 어린이예요. 그래서 여기에 모인 어린이들에게는 순종하는 모습이 있어야 해요. 선생님 말씀에도 순종하고, 부모님 말씀에도 순종하고, 전도사님, 목사님 말씀에도 순종하는 어린이가 되시기 바랍니다.

믿음의 어린이는 하나님만 말씀에 순종하는 어린이예요~

III

새로운 세상을
향한 삶

[플래시 설교]

내가 위로해 줄게

배울말씀 : 사무엘상 1:1~8

하나님께서 하나님의 종 선지자들에게 직접 "누구야~ 누구야~" 부르시면서 말씀하시던 때의 이야기예요. 에브라임이라고 부르는 산동네에 엘가나라는 아저씨가 살고 있었어요. 엘가나 아저씨에게는 아내가 두 명 있었는데, 한 사람의 이름은 한나였고, 한 사람의 이름은 브닌나였어요.

브닌나는 튼튼하고 예쁜 아들과 딸들을 쑥쑥 잘도 낳았지만 한나는 아기를 한 명도 낳을 수 없었어요.

엘가나 아저씨는 하나님을 잘 믿어서 일 년에 한 번씩은 모든 가족을 데리고 하나님께 예배드리러 갔어요. 그곳은 엘리 제사장이라는 하나님의 종이 살고 있는 곳이에요. 엘가나 아저씨는 하나님께 예배드리는 날이 올 때면 브닌나와 아들, 딸들에게 하나님께 드릴 고기를 나누어 주었어요. 그런데 이상하게도 한나에게는 항상 두 배를 주었어요. 예쁜 아기를 낳아주지 못하는 한나를 미워하지도 않고 무시하거나 미워하거나 괴롭히지 않았어요. 오히려 브닌나보다 한나를 더 사랑해 주고 아껴 주었어요. 엘가나가 한나를 더 사랑했기 때문에 브닌나는 질투가 났어요.

옛날 우리나라에서는 결혼한 여자가 아이를 낳지 못하면 큰 죄를 지었다고 해서 남편과 이혼시키고 집안에서 내쫓아 버리는 풍습이 있었어요. 사랑스럽고 예쁜 아이를 낳아야만 인정받을 수 있는 때가 있었어요. 브닌나 역시 아기를 낳지 못하면 하나님 앞에 큰 죄를 지어서 그런 것이라고 생각했기 때문에 한나를 무시하면서 못살게 굴었어요. "흥, 한나는 아기도 낳지 못하는데, 고기도 우리보다 더 많이 주고 얄미워 죽겠어, 정말."

브닌나는 한나가 미워지기 시작했어요. 남편인 엘가나의 사랑을 한나가 독차지하는 것을 견딜 수 없었어요. 브닌나는 한나가 아이를 낳지 못하는 약점을 이용해서 한나를 놀리고 무시하면서 괴롭혔어요. 브닌나는 일 년에 한 번씩 하나님께 예배드리러 갈 때면 한나를 괴롭히고 업신여겼어요.

한나는 마음이 너무 아프고 힘들었지요. 하나님께 기도하러 갈 때마다 브닌나가 따라와서 괴롭혔기 때문에 아무 것도 먹지 못하고 하나님 앞에서 기도할 때에 그냥 울기만 했어요. 그렇게 슬퍼하는 한나를 남편 엘가나가 위로해 주었어요. 울고 있는 한나 옆에서 "왜 그렇게 슬퍼하고 있소? 왜 아무 것도 먹지 못하고 있어요? 내가 있잖아요. 힘을 내요."라고 이야기해 주었어요. 엘가나의 위로는 한나에게 큰 힘이 되었답니다.

엘가나의 따뜻한 위로 덕분에 한나는 음식을 먹고 하나님 앞에 나가 기도하기로 마음먹었어요. 그래서 하나님 앞에 나가 기도했고 아들을 낳으면 하나님의 일꾼으로 바치겠다고 약속하며 기도했어요.

하나님께서 아들을 주셨을까요? 맞아요, 하나님께서는 한나의 기도를 들어주셔서 사무엘이라는 아들을 주셨지요.

엘가나가 한나를 위로해 주지 않고 브닌나처럼 아이도 못 낳는다고 구박했다면 한나는 하나님께 기도할 수 있는 힘을 내지 못했을 거예요. 계속 그렇게 앉아서 울고 있었을 거예요. 이처럼 사랑이 담긴 따뜻한 위로는 하나님께로 나아갈 수 있는 용기와 힘을 줄 수 있어요.

또 하나의 따뜻한 사랑이야기를 해 줄게요. 미국 인디아나 주의 작은 마을에서 일어났던 이야기예요. 15살인 남자 아이가 살고 있었어요. 15살이면 우리나라에서는 중학교 2학년이에요. 이 친구는 뇌종양이라는 병으로 고통을 받고 있었어요. 병원에 입원해서 수술을 받고 계속해서 방사선치료와 독한 약물치료를 받아야만 했어요. 그 결과 소년은 머리카락이 모두 빠지고 말았어요.

우리나라 중학교 형들은 머리를 짧게 자르고 다니지만 미국은 그렇지 않아요. 미국에서 머리가 흉측하게 빠져서 대머리 아저씨처럼 된다면 창피해서 학교를 제대로 다니지 못할 거예요. 그런데 그 소년과 같은 반 친구들이 정말 감동적인 선물을 주었어요. 그 소년과 같은 반인 모든 친구가 자기들도 머리를 짧게 자르게 해 달라고 자신들의 부모님에게 부탁했어요. 바로 몸이 아픈 친구가 학교에서 창피해하지 않게 해 주기 위해서였어요.

마을신문에는 몸이 아픈 친구의 머리를 자르고 있는 어머니와 그 뒤에 똑같은 모습으로 머리를 자르고 온 수많은 친구들이 함께 서 있는 사진이 실렸어요. 비록 몸은 아프지만 그 친구는 결코 혼자가 아니었어요.

정말 멋지지 않나요? 우리 친구들도 이렇게 위로의 사람이 되고 싶지 않나요? 나와 가장 가까운 친구들을 생각해 보세요. 혹시 몸이 아프거나 속상해하는 친구가 있는지 생각해 보세요. 같이 교회에 나오고 싶은데 그 친구의 부모님께서 교회에 못 가게 하셔서 속상해하는 친구가 없는지 생각해 봐요. 여러분이 가서 위로해 줄 수 있어요. 같이

> 우리 친구들도 이렇게 위로의 사람이 되고 싶지 않나요?
>
> 따뜻한 사랑의 마음으로 친구들을 위로해 주고 예수님의 이름을 알리는 복된 친구가 되어보아요~

있어 주고 이야기를 들어주고 친구가 되어 주세요. 여러분의 따뜻한 사랑을 나누어 주세요. 그리고 예수님의 사랑을 소개해 주세요.

선생님이 군대에 맨 처음에 갔을 때, 너무너무 무섭고 힘들었어요. 군대에서 맨 처음으로 교회에 갔는데, 더운 여름날 좁디좁은 의자에 엉덩이를 바짝바짝 붙이고 많은 군인아저씨들과 함께 앉아 있어야만 했어요. 그곳에서 기타 하나 가지고 찬양을 부르는데 마음이 녹으면서 눈물이 흘렀어요. 힘들고 무서워서, 이렇게 편하고 즐겁게 교회에 나오던 일이 너무 그리워서, 그리고 우리를 위로해 주시는 예수님을 너무 만나고 싶었기 때문이에요. 예배가 끝나고 부대로 돌아갈 때 작은 성경책과 초코파이 한 개를 나누어 주었는데 얼마나 달콤한 위로가 되었는지 몰라요. 초코파이 때문이 아니라 예수님께 예배드렸다는 사실 때문에 큰 위로가 되었던 거예요.

사람이 줄 수 있는 위로는 작지만 예수님이 주시는 위로는 끝이 없어요. 만약 힘들어하는 친구가 있다면 여러분이 가서 위로해 주세요. 그리고 예수님을 소개시켜 주세요. 그들이 여러분을 통해서 예수님께 나아갈 수 있는 용기를 얻고 예수님을 만나게 될 거예요. 엘가나 아저씨가 슬퍼하고 있는 한나를 위로했던 것처럼, 여러분도 하나님의 약속 안에 있는 축복의 통로가 될 수 있어요. 마음이 아프고 힘든 사람을 위로하고 예수님께로 인도하는 사람은 복된 사람이에요. 하늘나라에서 의롭다고 칭찬받는 사람이에요. 여러분 모두 따뜻한 사랑의 마음으로 친구들을 위로해 주고 예수님의 이름을 알리는 복된 친구가 되기를 소망해요.

02 [파워포인트 설교]

하나님께서 주신 친구

배울말씀 : 사무엘상 18:1~4

(구연동화처럼 긴장감 있게 설교한다.) "나는 다윗. 얘들아, 내가 여기 있다고 사울 왕에게 절대로 말하면 안 돼. 알았지?" "지금 사울 왕이 나를 죽이려고 해서 내가 여기까지 도망왔거든. 내가 여기 있다고 절대 말하면 안 돼." 다윗은 사울 왕에게 쫓겨서 도망 다니는 중이었어요.

"왜 이렇게 쫓기게 되었냐고? 내가 이야기해 줄게." "사울 왕이 선지자도 아니면서 하나님께 마음대로 제사를 드리고 하나님 말씀대로 살지 않았거든." "그래서 사무엘 선지자가 사울 왕을 막 혼냈어." "근데 얘들아, '다윗' 하면 어떤 생각이 나지? 다윗과 골리앗! 그거 생각나지?" "내가 골리앗을 물리쳤잖아. 골리앗을 물리친 다음 성 안에 들어가니까 예쁜 여인들이 노래를 불렀어." "사울은 천천이요, 다윗은 만만이라. 만만세, 만만세."

사울 왕은 이 노래를 듣고 화가 많이 났어요. "뭐, 다윗은 만만인데 내가 천천이야? 나보다 다윗이 더 위대하다는 거야? 그럼 나보다 더 높잖아? 그럼 왕도 되겠네. 으~ 열 받아." 그래서 사울 왕의 마음이 나쁘게 변했어요.

다윗은 하프 연주를 잘했기 때문에 사울 왕의 마음을 편안하게 해 주려고 아름다운 음악을 연주했어요. 아름다운 음악이 흘러나왔지만

사울 왕의 귀에는 하프 소리가 다르게 들린 것 같아요. "띠리리, 띠리리~ 죽이세요~ 사울 왕~ 이 스라엘은 내 거야~ 내 거라고~" "으아~ 뭐 나를 죽여서 이스라엘이 너의 것이라고? 이 녀석, 이 리 와라~"

사울 왕이 화가 잔뜩 나서 옆에 있던 창을 다윗에게 던졌어요. 다윗은 아무 것도 모르고 하프 연주를 하고 있는데 갑자기 긴 창이 '슈욱' 하고 지나가더니 "띵" 하고 하프 줄이 끊어졌어요. 얼마나 놀랐겠어요. 만약에 하나님이 도와주시지 않으면 큰일 날 뻔했어요.

그래서 다윗은 성을 도망쳐 나왔어요. 다윗은 너무 슬프고 마음이 아팠어요. 무섭고 떨리고 힘들어서 다윗은 요나단을 만나기로 했어요.

요나단은 사울 왕의 아들이에요. 그래서 몰래 쪽지에다 편지를 써서 요나단에게 보냈어요.

"요나단, 도와줘. 할 말이 있어. 내가 지금 마음이 힘들고 괴롭거든. 나를 좀 위로해 줘. 에셀바위 근처로 와라." 요나단 왕자는 얼른 옷을 챙겨 입고 다윗을 만나러 갔어요. "아니, 다윗! 너 얼굴이 왜 그래? 무슨 일이야." 다윗은 그동안 있었던 일을 요나단에게 이야기해 주었어요.

"아니야, 아버지가 너를 정말로 미워서 그러신 건 아닐 거야. 한번 아버지를 시험해 봐야겠어." "월삭 때에 온 가족과 신하들이 모여서 저녁을 먹을 때에 아버지께서 다윗이 어디 갔느냐고 물으실 때에, 내가 집에 갔다고 대답해서 아버지가 화를 내시면 도망가고 그렇지 않으면 다시 돌아오도록 해."

요나단은 다윗을 넓은 들판으로 데려가서 안아주고 다윗을 위해서 기도해 주었어요. "다윗, 내가 방법을 알려줄게. 내가 저녁을 먹고 다시 와서 여기서 화살을 쏠게." "내 부하가 화살을 가져올 때 내가 '이쪽에 있지 않느냐?' 하면 우리 아버지가 화를 낸 것이 아니니까 그럼 다시 돌아오고 '앞쪽에 있지 않느냐?' 그러면 우리 아버지가 화를 낸 거니까 너는 도망가야 해."

어떻게 되었을까요? 사울 왕은 다윗이 도망갔다는 사실을 알게 되자 화를 내었어요. 하지만 요나단의 우정과 지혜로 다윗은 무사히 도망가게 되었어요.

이상한 일은 요나단이 다윗을 친구로 생각하고 도와준 일이에요. 왜 이상한지 생각해 볼까요? 요나단은 나중에 왕이 될 사람이에요. 그렇지만 요나단은 하나님께서 다윗을 이스라엘의 왕으로 세우실 것임을 느끼고 있었어요. 왕의 자리를 다윗에게 빼앗기게 되는 것이지요. 보통 사람이라면 사울 왕처럼 다윗을 미워하고 죽이려고 해야 할 텐데 요나단은 그렇지 않았어요.

하나님께서 주신 좋은 친구의 모습은 다윗과 요나단의 모습에서 잘 알 수 있어요. 좋은 친구란 내 친구가 잘 생겨도, 못 생겨도, 돈이 많아도, 없어도, 공부를 잘 해도, 못 해도 변함이 없어야 해요.

1. 좋은 친구란 변함이 없어야 해요.
2. 좋은 친구란 서로를 좋은 길로 인도하는 친구예요.

요나단은 다윗이 어떠한 상황에 있든지 변함없는 우정을 보여 주었어요. 다윗이 아버지 옆에서 아름다운 음악을 연주할 때에도, 골리앗을 물리치고 아버지보다 인기가 많아졌을 때에도, 아버지가 다윗을 미워하고 죽이려고 할 때에도 요나단은 다윗을 미워하지 않고 변함없이 좋은 친구로 생각했어요.

요나단은 다윗이 용기 있게 골리앗을 물리쳤을 때에도 다윗을 좋아했지만 다윗이 아버지에게서 도망치게 되어 아무 힘이 없을 때에도 다윗을 좋아했어요. 요나단은 변함없는 모습으로 다윗의 좋은 친구가 되어 주었어요.

두 번째로 좋은 친구란 서로를 좋은 길로 인도하는 친구예요. 요나단은 화살을 멀리 쏴서 다윗을 죽음의 길에서 생명의 길로 인도했어요. 다윗에게 가장 좋은 길을 알려 주었어요. 왕자 요나단은 다윗이 이스라엘의 왕이 될 것이라는 사실을 알면서도 다윗을 보호해 주었어요. 자기에게 가장 좋은 것을 먼저 생각하지 않고 다윗에게 가장 좋은 것을 먼저 생각했어요. 내가 가지고 있는 가장 좋은 것을 버리면서까지 다윗을 소중한 친구로 대해 주었어요. 다윗도 사울 왕과 요나단이 죽었을 때에 요나단의 아들을 마치 자신의 아들처럼 잘 돌봐 주었답니다.

사랑하는 여러분, 여러분에게도 하나님께서 맺어 주신 소중한 친구가 있나요? 교회에서 하나님을 믿는 친구를 만나는 것은 아주 중요해요. 왜냐하면 좋은 친구는 하나님을 믿는 데에도 큰 도움이 되기 때문이에요. 하나님을 함께 찬양하면 기쁨이 두 배가 되고 힘들고 어려울 때에는 서로 기도해 줄 수 있기 때문이에요. 친구의 뜻은 '오래 두고 소중하게 사귄다.' 라는 뜻이래요. 우리는 이 세상에서뿐 아니라 하늘나라까지 이어질 믿음의 친구들을 만들어야 해요.

이 자리에서 함께 예배드리는 우리 모두가 하나님께서 주신 믿음의 친구가 되기를 간절히 소망합니다.

여러분에게도 하나님께서 맺어주신 소중한 친구가 있나요?

이 자리에서 함께 예배 드리는 우리 모두가 하나님께서 주신 믿음의 친구가 되기를 간절히 소망합니다~

Ⅲ 새로운 세상을 향한 삶

[파워포인트 설교]

나누면 나눌수록 커져요

배울말씀 : 열왕기상 17:8~16

오늘은 선생님이 짱구의 일기를 읽어 주고 설교를 시작하겠어요.

○○년 ○월 ○일 짱구의 일기 (날씨 : 맑음)

엄마와 함께 할머니 댁에 가는 중이었다. 지하철을 타고 가는데 덜컹거리는 소리가 참 신기했다. 한참을 가고 있는데 갑자기 이상한 음악소리가 들렸다. 교회에서 많이 들어본 찬송가 소리 같은데…. "띠리리 띠리리 띠리리리~(내 주를 가까이 하게 함은)"
소리가 나는 곳을 봤더니 앞을 못 보는 할아버지께서 한 손에는 지팡이를, 한 손에는 바구니를 들고서 사람들에게 도움을 받고 있었다.
주머니에 손을 넣어 보니까 600원이 있었다. '어떻게 하지? 300원은 초코비 사먹고, 300원은 액숀가면 사야 하는데…. 어떡할까?' 그렇게 생각하다가 교회에서 우리 선생님이 해 준 이야기가 생각났다. 예수님이 많은 사람들을 도와주신 것처럼 "네 이웃을 네 몸과 같이 사랑하라."고 하신 말씀이다.
그래서 가지고 있던 600원 중에서 300원을 아저씨에게 드리며 이렇게 말했다. "아저씨, 이걸로 초코비 사먹으세요." 하나님께서도 기뻐하셨을 것 같다. 으흐흐 짱구의 일기 끝.

우리 ○○교회 친구들도 짱구와 같은 경험이 있었나요? 오늘 선생님이 큰 어려움 속에서도 남을 도와준 아줌마를 한 명 소개해 줄게요. 그 여인은 바로 사르밧이라는 동네에 살았던 가난한 아줌마예요. 앞으로 사르밧 아줌마로 부를게요.
이스라엘의 땅 사르밧에 오랫동안 비가 오지 않아서 농사를 다 망쳐 버렸어요. 때문에 먹을 것이 하나도 없어서 마을 사람들이 다 굶어 죽게 되었지요. 그때 하나님께서 엘리야 선지자에게 이렇게 명령하셨어요. "엘리야야, 엘리야야…. 너는 사르밧이라는 땅으로 가서 살아라. 내가 그곳에 있는 과부에게 명령해서 너에게 먹을 것을 주라고 이야기하였다."

이 사르밧 아줌마는 남편이 없었어요. 그 대신 아들이 한 명 있었지요. 이 아줌마에게 남은 것이라고는 항아리에 밀가루 한 주먹 그리고 기름 조금이었어요. 엘리야 선지자가 사르밧 아줌마에게 와서 이렇게 말했어요.

"아줌마, 마실 물 한 컵만 떠 주세요. 그리고 올 때 떡도 하나 갖다 주세요." 그랬더니 아줌마가 이렇게 말했지요. "아이고~ 아이고~ 우리 집에요. 먹을 게 하나도 없어서요. 제 얼굴 좀 보세요. 이렇게 살이 쏙 빠지고 배가 등가죽에 착 달라붙어 가지고 지금 우리는 굶어 죽게 생겼다고요."

"그리고 우리 집에 떡이 없어요. 있는 거라고는 밀가루 한 주먹, 기름 조금, 이게 다라고요." "안 그래도 우리 아들이랑 나랑 지금 이걸로 빵 만들어 먹고 콱 죽으려고 하던 중이라고요~ 엉어엉~." 엘리야

선지자가 다시 아줌마에게 말했어요. "아줌마, 겁내지 마세요. 가서 밀가루랑 기름을 가지고 빵을 만드세요. 그 대신 나한테 먼저 조금 가져오고 그 다음에 아줌마랑 아들이 먹으세요."

이 말을 들은 아줌마는 고민을 많이 했어요. 먹을 것이 없어서 마지막으로 빵을 만들어 먹고 죽으려고 했는데 그 빵을 나누어 달라고 했으니까요. 아줌마는 결국 엘리야 선지자가 시키는 대로 했어요. 이 아줌마는 하나님께서 엘리야 선지자에게 함께하고 계시다는 것을 알았기 때문이에요.

사르밧 아줌마는 주물럭주물럭 맛있는 빵을 만들어서 엘리야 선지자에게 먼저 빵을 주었어요. 엘리야 선지자가 먹고 난 뒤 아들에게 빵을 먹게 하고 아줌마는 조금 남은 것을 먹었어요.

그런데 밀가루가 들어 있던 항아리와 기름병에서 정말 신기한 일이 일어났어요. 항아리와 기름병에서 밀가루와 기름이 떨어지지 않고 계속 나오는 것이었어요. 빵을 만들기 전에 한 주먹밖에 없던 밀가루가 항아리에 가득 차 있고 기름

병에는 기름이 꽉 차 있었어요. 그리고 아무리 써도 없어지지 않았어요. 아, 놀라워라. 하나님의 은혜는 정말 놀라워요.

그런데 신기한 일이 일어났어요.

밀가루 항아리와 기름통이 가득 차서 넘쳤어요.

하나님의 은혜는 정말 놀라워요~

우리 친구들은 이 이야기가 믿어지나요? 이것은 옛날 동화책에 나오는 도깨비의 마술이 아니에요. 이 세상을 만드시고 다스리시는 하나님께서 이루어 주신 진짜로 있었던 일이에요.

사르밧 아줌마가 가지고 있었던 것은 무엇이었죠? 맞아요, 밀가루 한 주먹과 기름 조금이에요. 사르밧 아줌마는 자기가 가진 것을 하나님의 사람을 위해서 먼저 양보하였어요. 이것이 바로 내 이웃을 내 몸과 같이 사랑하는 모습이에요. 이것을 우리는 섬김이라고 불러요. 남들에게 자랑하기 위해서 다른 사람을 돕는 것이 아니라 진심으로 정성을 다해서 도와주는 것을 말해요.

다른 사람을 도와줄 때에는 내가 그 사람에게 무엇을 얻기를 바라는 것이 아니에요. '내가 이번에 선물하면 다음에는 쟤가 나한테 선물하겠지?' 하고 생각하면서 선물을 주는 것이 아니지요. 학교에서, 학원에서 여러분의 친구들을 돌아보세요. 내가 도움을 줄 수 있는 친구가 있는지 말이에요.

힘든 일이 있는 친구를, 학교에서는 선생님을, 집에서는 부모님을 어떻게 하면 도와줄 수 있을까요? 남을 도와주는 것은 내가 하고 싶은 대로 도와주는 것이 아니라 그 사람에게 가장 필요한 것을 주는 것이에요. 이것이 바로 '진정한 섬김'이에요.

> 남을 도와주는 것은 내가 하고 싶은 대로 도와주는 것이 아니라 그 사람에게 가장 필요한 것을 주는 것이에요.
>
> 이것이 바로 '진정한 섬김'이에요.

어떤 친구가 다리를 다쳐서 병원에 있는데 "너 심심하겠다. 내가 놀아줄게. 같이 축구하자."하는 것이 아니라 숙제도 가르쳐 주고, 학교에서 배운 내용이 담긴 공책도 빌려 주고, 그 친구가 빨리 나을 수 있게 기도해 주는 모습이 아름다운 섬김의 모습이랍니다.

하나님께서는 우리가 머리로만 알고 있는 것이 아니라 몸을 움직여서 친구들을 도와주기 원하세요. 겸손한 섬김의 마음으로 어려운 친구들을 돕는다면 하나님께서 기뻐하시는 어린이가 될 수 있어요. 하나님께서 기뻐하시는 어린이가 될 준비가 되었나요? 그런 친구들은 큰 소리로, 아멘으로 대답해요. "아멘."

> 겸손한 섬김의 마음으로 어려운 친구들을 돕는다면 하나님 께서 기뻐하시는 어린이가 될 수 있어요~

[파워포인트 설교]

용기 내서 말해 봐!

배울말씀 : 열왕기하 5:1~14

사랑하는 ○○교회 친구들, 일주일 동안 예수님의 말씀 따라서 다른 친구들에게 예수님에 대하여 이야기해 주었나요? 선생님도 우리 친구들의 학교 앞에 가서 전도를 하는데 솔직하게 이야기하면 하나님의 말씀을 다른 친구들에게 이야기해 주는 일이 참 어려운 것 같아요. 여러분은 어떻게 생각하나요? 다른 친구들에게 교회 가자고 이야기하기가 어렵지 않나요? "(머뭇거리며) 저어기 ~ 있잖아, 이번 주에 우리 교회에서 달란트잔치 하는데 같이 가보지 않을래?" 하나님을 자랑하는데 이렇게 망설이면서 이야기하면 어떨까요? 친구들이 예수님을 믿을까요?

오늘 성경말씀은 작은 여자 친구의 용감한 이야기예요. 용기 있는 한 마디로 아픈 사람이 나았고 그 사람이 하나님도 믿게 만드는 놀랍고 멋진 이야기가 나와요. 그런데 이 친구는 아주 힘들고 어렵게 살아가는 아이였어요. 이 친구는 바로 아람 나라의 크고 위대한 장군인 나아만 장군의 집에서 빨래하고 청소하는 아이예요. 이 친구의 이름은

이 친구는 바로 나아만 장군의 집에서 빨래하고 청소하는 아이예요.

알 수 없어요. 물론 이 아이도 처음부터 남의 집에서 일하는 종으로 태어나지 않았어요. 어렸을 때에 아람 나라 사람들에게 잡혀 와서 나아만 장군 집에서 일을 하게 되었던 것이에요. 이 조그마한 친구는 아마 참 많이 울었을 거예요. 사랑하는 가족들과 함께 살 수 없는 것만으로도 너무 슬프고 힘든 일이니까요. 이 친구는 주인이 시키는 대로 청소하고, 시키는 대로 빨래하고, 그렇게 시키는 대로만 하고 살아야 해요. 자기가 하고 싶은 것은 아무 것도 할 수 없었어요. 만약 여러분이 이 친구였다면 어떻게 했을까요? 하나님을 원망하고, 불평하고, 짜증내면서 대충대충 살았을지도 모르겠어요. 그렇지만 이 여자 친구는 환경을 탓하지 않고 최선을 다해서 살았어요.

이 여자 친구의 주인인 나아만 장군은 아람 나라에서 임금님에게 많은 사랑을 받고 있었어요. 다른 나라가 아람에 쳐들어 왔을 때 나라를 구해 낸 영웅이었기 때문이에요. 나아만 장군은 이 세상에서 부러울 것이 하나도 없을 만큼 성공했지만 딱 하나만큼은 그렇지 못했어요. 바로 문둥병이라고 부르는 피부병에 걸렸기 때문이죠.

이 작은 소녀는 나아만 장군에게 이렇게 말했어요. "장군님, 사마리아의 엘리사 선지자에게 한 번 가 보세요. 장군님의 문둥병을 고쳐주실 수 있을 거예요." 나아만 장군은 소녀의 말을 듣고 임금님에게 가서 모든 사실을 이야기했어요. 아람 나라 임금님은 나아만 장군의 병을 잘 고쳐달라고 이스라엘 나라의 임금님에게 편지를 써 주겠다고 했어요. 나아만 장군은 자기 임금님이 써 준 편지를 들고 엘리사 선지자에게 찾아갔어요.

그런데 엘리사 선지자는 문 밖으로 나와 보지도 않고 요단 강물에 일곱 번 목욕을 하라고 시켰어요. 나아만 장군은 이웃나라의 가장 높은 장군이 왔는데도 엘리사 선지자가 나와 보지도 않아서 너무 화가 났어요. 그것도 하인을 시켜서 무조건 요단 강에 일곱 번 목욕을 하라고 해서 자존심까지 상했어요.

손님이 찾아오면 문 밖에 나와서 인사라도 해야 하는 것이 예의잖아요. 나아만 장군은 굉장히 화가 났지만 꾹 참고 엘리사 선지자가 시키는 대로 했어요. 옆에 있던 하인이 속는 셈치고 한번 해보라고 이야기했기 때문이죠.

세상에~ 어떤 일이 일어났는지 아세요? 나아만 장군의 피부가 어린아이의 살결처럼 깨끗하게 나았어요. 만약 이 여자 친구가 나아만 장군에게 엘리사 선지자 이야기를 해 주지 않았더라면 문둥병은 나을 수 없었어요.

이 작은 여자 친구가 나아만 장군에게 이야기하는 것은 굉장히 용기가 필요한 일이었어요. 나아만 장군은 감히 말을 걸 수 없을 만큼 높은 장군님이자 주인님이기 때문이에요. 그리고 나아만 장군은 하나님

작은 여자 친구가 용기 내어 하나님의 선지자 엘리사 이야기를 할 수 있었던 이유는?

을 알지 못하는 나라의 사람이었어요. 그렇지만 용기 있게 하나님의 선지자 엘리사 이야기를 할 수 있었던 것은 이 소녀가 하나님을 잘 믿었기 때문이에요.

한 가지 이상한 일은 나아만 장군이 이 작은 소녀의 말을 그대로 믿었다는 사실이에요. 임금님 다음으로 높은 장군님이, 이름도 모르는 자기 집 하인의 말을 믿는다는 것이 이상하지 않나요? 만약 그 말이 거짓말이었다면 나아만 장군은 얼마든지 그 친구를 죽일 수도 있었어요. 그렇지만 나아만 장군이 이 작은 여자 친구의 말을 믿었던 이유는

1. 하나님을 잘 믿었기 때문이에요.

이 친구의 성실한 모습 때문이었어요. 힘들고 어렵지만 불평하지 않고 하나님을 잘 믿으면서 열심히 일했기 때문이었어요. '그래, 저 녀석 말이라면 믿을 수 있지. 저 아이가 믿는 하나님이면 내 병을 고칠 수 있을지도 몰라.' 나아만 장군은 아마 이렇게 생각했을 거예요. 다른 친구를 전도하는 것은 분명히 용기가 필요한 일이에요.

두 번째로 이 여자 친구에게는 다른 사람을 불쌍히 여기는 마음이 있었어요. "나아만 장군님에게 이야기했다가 병이 낫지 않으면 어떻게 하지? 말할까, 말까?" 무섭기도 하고 떨리기도 했지만 이 친구는 용기를 내어서 말했어요. 도움이 필요한 사람을 불쌍히 생각하는 사랑의 마음이 있었기 때문이에요. 그 마음은 바로 하나님께서 주신 마

2. 다른 사람을 불쌍히 여기는 마음이 있었기 때문이에요.

음이지요. 여러분의 주위에도 도움이 필요한 친구가 있지 않나요. 다른 친구들이 다 놀리고 따돌려도 하나님을 믿는 여러분이라면 가서 손을 붙잡아 주어야 하지 않나요? "저 친구를 도와줄까, 말까? 도와줬을 때 다른 친구들이 나도 따돌리면 어떻게 하지?" 이렇게 생각할 수도 있어요.

하지만 여러분이 정말로 하나님을 사랑한다면 가서 도와주세요. 지금도 먹을 것이 없어서 굶어 죽고 있는 다른 나라의 수많은 친구들을 도우라고 말하지 않겠어요. 북한에 있는 친구들을 위해서 여러분의 용돈을 아껴서 저금하고 헌금하라고 하지 않겠어요. 바로 여러분의 옆에서 아파하고 도움이 필요한 친구들부터 가서 도와주세요. 하나님의 기적은 그 작은 사랑의 마음에서부터 시작되니까요.

여러분이 정말로 하나님을 사랑한다면 가서 도와주세요.

왕따

이 작은 여자 아이의 말 한마디로부터 시작해서 나중에는 어떤 일이 일어났는지 아세요? 나아만 장군이 이제부터 다른 신들에게 제사 드리지 않고 오직 하나님께만 예배하겠다고 말을 했대요. 여러분, 멋지지 않나요. 하나님을 믿지 않았던 한 나라의 군대장관이 하나님을

하나님을 믿지 않던 나아만 장군이 하나님을 믿겠다고 말했어요.

새로운 세상을 향한 삶

믿겠다고 말했어요.

우리 친구들을 통해서도 이런 일이 일어날 수 있어요. 하나님께서는 작고 어린 여자 친구의 마음에서부터 이렇게 멋진 일을 시작하셨어요. 다른 사람을 불쌍히 여기고 사랑하는 마음에서부터, 용기를 내어 하나님을 이야기했던 일들로부터 시작했단 말이에요. 여러분 마음속에 용기가 생기지 않나요?

예수님에 대해 이야기를 들어야 할 친구들이 있다면 용기 있게 말해주세요. 머뭇거리면서 말하지 말고 자랑스럽게 당당하게 우리 친구들이 믿는 예수님을 이야기해 주세요. 여러분이 용기 있게 말한 그 한 마디에서부터 놀라운 기적은 시작될 거예요. 함께 기도하겠습니다.

> 예수님에 대해 이야기를 들어야 할 친구들이 있다면 용기 있게 말해주세요~

"하나님, 나아만 장군의 집에서 일했던 작은 여자 친구의 말 한마디로 시작해서 놀라운 일이 일어났음을 배웠어요. 하나님께서는 생각하지도 못한 방법으로 놀라운 기적을 만드시는 분이세요. 그것은 사랑하는 마음이에요. 용기 있게 말할 수 있는 마음이에요. 우리에게도 사랑하는 마음을 주세요. 도움이 필요한 친구들에게 하나님을 이야기할 수 있는 용기를 주세요. 하나님을 모르는 많은 사람들이 우리를 통해서 하나님을 믿을 수 있도록 여기 있는 우리 모두 찐하게 쓰임 받을 수 있게 복 주세요. 예수님의 이름으로 기도합니다. 아멘."

05

[파워포인트 설교]

나를 위한 약속

배울말씀 : 열왕기상 8:54~61

사랑하는 ○○교회 친구들, 안녕하세요? 오늘은 선생님이 문제를 하나 내면서 말씀을 시작할게요. 잘 듣고 맞혀 주세요.

이것은 무엇일까요? 이것은 전 세계에 있는 사람들이 가장 좋아하는 운동경기 중 하나입니다. 4년마다 한 번씩 이 경기를 위해 큰 대회를 열고 있어요. 2002년에는 우리나라와 일본에서도 개최했어요. 동그란 공을 이용해서 팀별로 11명의 선수들이 뛰고 공을 손으로 만지면 반칙이에요. 이 경기는 무엇일까요?

네. 맞았어요. 정답은 축구입니다.

모든 운동경기가 그렇듯이 축구라는 운동에도 규칙이 있어요. 손으로 공을 만지면 핸들링, 공이 경기장 밖으로 나가면 스로인, 심한 반칙이나 뒤에서 태클할 경우 옐로카드, 레드카드를 주어서 퇴장시키는 규칙이 있지요. 오늘 우리가 배우는 말씀도 규칙과 관련이 있어요.

하나님께서 지혜를 선물로 주셨던 왕이 있었어요. 이 왕은 하나님께 1,000번의 제사를 드렸어요. 열심히 예배하고 찬양하는 마음을 보시고 하나님께서 선물을 주시려고 할 때에 백성들을 잘 다스릴 수 있는 지혜를 달라고 기도했던 왕이에요. 바로 다윗 왕의 아들인 솔로몬 왕이지요.

다윗 왕의 아들 솔로몬 왕

솔로몬 왕은 하나님의 집 성전을 맨 처음으로 지었던 왕이에요. 튼튼한 돌과 향기 나는 아름다운 나무들로 7년 동안 성전을 지었어요. 성전이 완성되고 하나님의 언약궤를 성전 안으로 갖다 놓으면서 백성들과 함께 감사의 예배를 드렸어요. 솔로몬 왕은 무릎을 꿇고 하늘을 향해 손을 들고 하나님께 기도한 뒤에 백성들에게 큰 소리로 외쳤어요.

"우리에게 큰일을 행하신 하나님을 찬양합니다. 언제나 우리와 함께해 주시는 하나님께서 우리에게 주신 계명을 잘 지키고 오직 하나님만 믿을 수 있도록 도와주시기 바랍니다. 하나님의 말씀 따라 걷고, 명령 따라 살아가기 바랍니다."

솔로몬 왕은 하나님과 함께 살아가기 위해서 하나님의 말씀을 잘 따르고 순종해야 한다고 가르쳤어요. 하나님께서는 약속을 잘 지키고 살아가는 사람에게는 1,000대까지 복을 주신다고 하셨어요. 이 약속대로 하나님의 말씀만 따라 살면 참 좋겠지만 매일매일 약속을 지키는 것은 어려운 일이에요. 방학 시작할 때에 시간계획표를 잘 세워 놓고 3일 정도 지키다가도 그 다음부터는 엉망이잖아요. 내가 스스로 세운 규칙과 약속도 지키기가 어려운데 하나님과 약속한 일을 지키는 것은 더 어려웠을 거예요.

선생님이 어젯밤에 한 초등학생 친구가 쓴 글을 읽게 되었어요. 이 친구가 어떤 잘못을 해서 반성문을 썼는데 아주 대단한 결심을 했어요. 어떤 결심인지 잘 들어보세요. 혹시나 선생님이 지어냈을 거라고 생각하는 친구들이 있을 수도 있지만 이것은 진짜 이야기예요.

11월 4일 일요일 (날씨 : 맑음)
제목 : 아빠, 선생님께 (반성문)

아빠, 선생님! 안녕하세요. 저 회민이예요. 제가 오늘 세진이, 상우, 석윤이하고 놀러 나갔는데 아빠가 1시간만 놀다오라고 하신 약속을 어겼어요. 죄송합니다. 다음부터 또 이런 일이 있으면 집에서 용돈을 1년 동안 계속 받지 않겠습니다.

그리고 매일매일 집 청소도 하고 인스턴트 식품도 먹지 않고 탄산음료도 마시지 않겠습니다.

그리고 학교에서는 준비물을 가져오지 않으면 손바닥을 7대 다 맞겠습니다.

그리고 또 집에서 컴퓨터를 3년 동안 계속 6학년까지 하지 않겠습니다.

그리고 빗자루로 5대 맞겠습니다. 또 일주일마다 완전학습을 10장씩 풀겠습니다.

또 친구들과 놀지도 않고 교과서를 잘 챙겨오지 않으면 빗자루로 7대를 맞겠고 기름이 들어간 음식을 먹지 않겠습니다. 이제부터 다른 약속들을 잘 지키지 않으면 학교에서는 매로 11대를 맞을 것이며, 반성문을 1,000번 쓰겠습니다.

그리고 집에서는 아빠, 엄마께 빗자루로 9대를 맞겠습니다. 죄송합니다.

그 반성문을 읽으신 선생님께서 공책 아래에 이렇게 적어 주셨어요. "선생님이 본 반성문 중에서 제일 엄청나다. 위에 있는 것들을 진짜 지킬 수 있을까?"

선생님은 이 친구의 글을 읽고 나서 마음이 너무 아팠어요. 그리고 여러분의 마음을 조금 더 이해할 수 있게 되었어요. 그리고 우리 예수님이 생각났어요.

이 친구는 단지 아빠와 1시간만 놀고 들어오겠다고 한 약속을 지키지 못했을 뿐이에요. 그런데 스스로 자기 자신에게 엄청난 벌을 내리고 있어요. 그 약속을 또 지키지 못할 것이 분명한데 자기가 하고 싶은 것을 하지 않고, 억지로 공부하고 매를 맞겠다고 하는 친구의 모습을 보면서 답답했어요.

우리 친구들이 만약 하나님과의 약속을 지키지 않으면 하나님께서 이런 말도 안 되는 벌을 주시는 엉터리 하나님으로 생각할까 봐 걱정이 됐어요. 하나님은 그런 분이 아니에요.

(피아노 반주에 맞추어) 우리 모두 두 눈을 꼭 감습니다. 그리고 하나님에 대해서 마음속으로 생각해 봅니다. 참 이상합니다. 하지 말라고 하는 건 꼭 하고 싶습니다. 이제 컴퓨터 그만하고 들어가야지~ 생각하고 있는데 엄마, 아빠가 뭐라고 한 마디 하시면 이상하게 짜증이 납니다. 하나님을, 예수님을 정말 사랑하는데, 텔레비전에서 동방신기나, 슈퍼주니어가 나오면 미칠 것 같습니다. 도둑질하지 말라고 말씀하셨는데, 엄마, 아빠의 지갑이나, 친구의 돈을 몰래 가져온 적도 있습니다. 살인하지 말라고 말씀하셨는데, 내가 미워하고 욕했던 친구들이 너무 많이 있습니다. 아니, 내 입에서 나오는 말 중에 절반이 욕입니다. 주일을 거룩히 지키라고 말씀하셨는데, 아빠가 주일에 놀러 가자고 하시면 교회 가야 한다고 말하기가 어렵습니다. 하나님께서 왜 이렇게 지키기 어려운 것을 지키라고 하시는지 모르겠습니다. 우리를 사랑하시는 하나님께서는 왜 그러셨을까요? 우리를 힘들고 괴롭게 하려고 그러셨을까요?

아니에요. 그것은 우리를 힘들고 괴롭게 하려는 것이 아니라 나를 위한 울타리를 만들어 주신 것이에요. 우리가 빠지기 쉬운 모든 죄의 유혹과 시험에서 우리를 지켜주시기 위한 것이에요. 하나님의 말씀대로 살아가는 용기 있는 친구들에게는 더러운 죄악이 힘을 쓸 수가 없기 때문이에요.

하나님의 말씀과 약속을 지키며 사는 것이 때로는 너무 어렵고 힘들게 느껴질 때가 있어요. 그렇지만 하나님과의 약속을 잘 지키면서 살아가는 사람들에게 1,000대까지 복을 주겠다고 약속하신 하나님의 말씀을 기억해 보세요. 바로 이 말씀 때문에 하나님과의 약속이 나를 위한 약속이 됩니다. 하나님과의 약속이 바로 나를 위한 것임을 믿고 기쁘게 지키며 살아가는 친구들이 되기를 소망해요.

하나님과의 약속이 바로 나를 위한 것임을 믿고 기쁘게 살아가요~♬

06

[플래시 설교]

하나님의 방법으로 선택하자

배울말씀 : 사무엘상 16:1~13

하늘에 있는 별들이 밤하늘을 반짝반짝 빛내던 어느 날 저녁, 8살 난 아들과 엄마가 재미있는 프로그램이 없나 하고 텔레비전 채널을 이리저리 돌리고 있었어요. 그러다가 어느 한 채널을 보게 되었는데 엄마가 이렇게 말했어요. "야, 여기 미인대회를 하고 있네." 아직 8살인 아들은 엄마에게 미인대회가 뭐냐고 물었어요. 엄마는 그것이 세상에서 가장 아름다운 여성을 뽑는 대회라고 설명해 주었어요. 그러자 아들은 아주 진지한 표정으로 엄마를 쳐다보면서 말했어요. "그럼 엄마는 왜 저기에 안 나갔어?" 아들의 눈에는 이 세상에서 가장 아름다운 사람이 엄마였던 것처럼, 보는 사람에 따라서 느끼는 것이 다를 수 있어요.

하나님께서 사람을 보실 때도 마찬가지예요. 오늘 말씀에서는 사울 왕의 뒤를 이을 이스라엘 나라의 두 번째 왕을 뽑기 위한 후보들을 만나 보겠습니다. 장소는 베들레헴 사람 이새의 집이고, 후보는 이새

의 아들 7명이에요. 면접관은 사무엘 선지자, 최종 결정은 하나님이 하세요.

사무엘 선지자는 한 나라의 왕이 되기 위해서는 얼굴도 잘 생기고, 키도 크고 무엇보다 믿음직한 모습과 성품을 가지고 있어야 한다고 생각했어요. 첫 번째 왕이었던 사울 왕을 뽑을 때도 그랬으니까요.

후보 면접은 순서대로 진행되었어요. 먼저 이새의 첫째 아들인 엘리압을 만났어요. 사무엘 선지자는 엘리압을 보는 순간 '이 사람이구나.' 라고 생각했어요. 사무엘 선지자가 생각하는 왕의 조건을 가지고 있었기 때문이죠. 키도 크고, 몸매 되고, 얼굴도 준수하고 큰 형답게 믿음직한 모습이었어요.

"하나님, 이 사람입니까?" 사무엘 선지자가 하나님께 물어보았어요. 하나님께서 이렇게 대답

Ⅲ

새로운 세상을 향한 삶

하셨어요. "겉모습이나 키를 보지 마라. 내가 보는 것은 사람이 보는 것과 다르다. 사람은 겉모습을 보지만 여호와는 마음의 중심을 보신다."

여러분은 친구를 사귈 때 무엇을 보고 사귀나요? 얼굴이 예쁘거나, 잘 생긴 친구? 아니면 용돈을 많이 받아서 먹을 것을 잘 사주는 친구? 나와 마음이 잘 맞는 친구? 재미있는 이야기를 해서 웃기는 친구? 춤을 잘 추거나 운동을 잘 하는 친구?

우리는 다른 친구들을 바라 볼 때에 내 생각으로 판단할 때가 많아요. '저 친구는 내 말을 잘 들으니까 나랑 친하고, 쟤는 얼굴도 못 생겨서 공부도 못하고 가난해서 가까이 하면 안 돼.' 내 마음대로 다른 친구들을 평가하고 점수 매기고 좋은 친구, 나쁜 친구 나누어 놓고 살지는 않았나요?

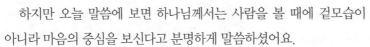

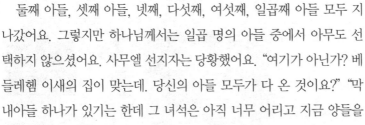

하지만 오늘 말씀에 보면 하나님께서는 사람을 볼 때에 겉모습이 아니라 마음의 중심을 보신다고 분명하게 말씀하셨어요.

둘째 아들, 셋째 아들, 넷째, 다섯째, 여섯째, 일곱째 아들 모두 지나갔어요. 그렇지만 하나님께서는 일곱 명의 아들 중에서 아무도 선택하지 않으셨어요. 사무엘 선지자는 당황했어요. "여기가 아닌가? 베들레헴 이새의 집이 맞는데. 당신의 아들 모두가 다 온 것이요?" "막

내아들 하나가 있기는 한데 그 녀석은 아직 너무 어리고 지금 양들을 돌보고 있습니다." "그를 불러오시오. 그가 도착할 때까지 식사 자리에 앉지 않겠습니다."

드디어 이새의 막내아들 다윗이 도착했어요. 다윗은 발그레한 살결에 눈이 반짝였고 얼굴이 아름다웠어요. "흐음, 어디 이력서를 한 번 볼까? 이름은 다윗. 사는 곳은 베들레헴. 가족관계는 아버지와 7명의 형들. 잘하는 것은 수금연주? 왕이 되는데 수금이 필요 있을까?" "어디 보자. 추천한 사람이 누구냐, 엥! 하나님!"

하나님께서 사무엘 선지자에게 말씀하셨어요. "그래, 그 아이가 맞다. 어서 일어나서 그에게 기름을 부어 주어라." 기름 부음은 하나님께서 인정하신 왕이라는 뜻이에요. 다윗은 하나님께서 세우실 이스라엘

의 두 번째 왕으로 인정받았어요.

사람의 눈으로 볼 때 다윗은 왕의 자격이 없었어요. 할 수 있는 것이라고는 양들을 돌보면서 물 맷돌 던지고, 수금을 연주하며 노래하는 것밖에 없었지요. 게다가 이새의 아들 중에서 가장 나이가 어린 막내였어요. 하지만 다윗은 양들을 돌보면서 예수님의 마음을 느꼈고, 넓은 들판에서 수금을 연주하며 하나님을 찬양하고 기도하면서 하나님이 살아 계신 것을 마음 속 깊이 느꼈던 사람이었어요. 하나님께서는 그런 다윗의 마음을 보셨기 때문에 이스라엘의 왕으로 만들어 주셨어요. 하나님의 선택이었어요.

우리는 살아가면서 참 많은 결정과 선택을 해야 해요. '어떤 학원에 다닐까?', '어떤 친구들을 만날까?', '어떤 꿈을 가지고 공부를 할까?' 심지어 유혹의 순간 앞에서도 선택을 해야 해요. 주일 날 예배를 드려야 할지 친구들과 놀러가야 할지 결정해야 해요. 주운 돈을 주인

에게 돌려주어야 할지 내가 가져야 할지 결정해야 해요. 모든 것을 스스로 결정하고 선택해야 해요. 그리고 여러분이 선택하고 결정한 것에 대한 책임을 져야 해요. 우리 친구들은 어떤 방법과 기준으로 선택하며 살아갈 건가요?

기억하세요. 하나님께서는 사람이 마음으로 계획하여도 그 걸음을 인도하시는 분은 하나님이라고 말씀하셨어요. 또한 무엇을 먹을까 무엇을 입을까 염려하거나 걱정하지 말라고 말씀하셨어요. 길가에 피어 있는 꽃을 본 적 있나요? 파란 하늘 위를 시원하게 날아가는 새를 본 적 있나요?

꽃들과 새들이 너무 아름답게 느껴질 때가 있나요? 그렇게 아름답게 입히시고 먹이시는 분이 바로 우리 하나님이세요. 꽃들과 새들도 그렇게 아름답게 입히시고 먹여 주시는데 하나님의 모습대로 만들어 주신 우리는 가장 소중하게 돌봐 주시지 않을까요? 어때요? 든든하지 않나요?

우리는 하나님을 믿지 않는 사람들과 다른 것이 하나 있어요. 그것은 우리가 하나님께서 기뻐하시는 것을 생각하며 결정하려고 노력하는 사람들이라는 거예요. 우리 친구들이 어떤 것을 결정하든지 걱정하거나 두려워하지 마세요. 언제나 우리를 바라보시는 하나님께서 도와주세요. 가만히 눈을 감고 '하나님이라면, 예수님이라면 어떻게 생각하실까?' 생각하고 기도해 보세요. 하나

님께서 가장 좋은 길로 인도해 주실 것을 믿으면서 하나님 아버지의 마음을 알려달라고 기도하세요. 그러면 성령님께서 알려 주세요. 어떤 일이든지 하나님의 방법대로 선택하는 여러분이 되기를 소망합니다.

Ⅲ 새로운 세상을 향한 삶

07 [파워포인트 설교]

지혜를 찾아서

배울말씀 : 열왕기상 3:5~15

하나님의 보물인 어린이 친구들, 안녕하세요. 여러분은 하나님의 보물이에요. 여러분은 하늘나라에서 해와 같이 반짝반짝 빛날 거예요. 하나님께서 여러분을 향한 멋진 계획을 가지고 계세요. 그 꿈을 믿을 수 있나요? 하나님의 꿈을 이루어 드릴 준비가 되었나요?

꿈을 꾼다는 것은 아주 중요한 일이에요. 어떤 것을 간절히 소망하고 기대하면 그 소원대로 이루어지는 경우를 많이 보게 되지요. 미국 인디언들의 말에 이런 말이 있다고 해요. "어떤 말을 만 번 이상 되풀이하면 반드시 미래에 그 일이 이루어진다."

> 어떤 말을 만 번 이상 되풀이하면 반드시 미래에 그 일이 이루어진다.

자신의 선수들을 항상 "챔피언!"이라고 불렀던 유명한 야구 감독님이 있어요. 이 감독님은 꼴찌 팀을 맡은 지 2년 만에 우승 팀으로 만들었지요. 이처럼 마음속에 어떤 꿈을 가지고 있느냐에 따라 미래의 내 모습이 결정됩니다. 여러분의 꿈은 무엇인가요? 꿈을 위해 하나님께 기도하고 있나요? 오늘 성경말씀에는 꿈을 위해서 하나님께 열심히 기도한 사람이 있어요. 여러분에게 소개해 줄게요.

이 사람은 가장 지혜로운 왕으로 잘 알려진 사람입니다. 이 사람의 아버지는 다윗 왕입니다. 누구일까요? 네, 맞아요. 바로 이스라엘 나라의 솔로몬 왕입니다. 솔로몬은 하나님을 사랑하고 아버지 다윗의 명령을 따라 살았어요.

솔로몬은 기브온이라는 곳에서 1,000마리의 짐승을 잡아 하나님 앞에 번제물로 드리고 제사를 드렸어요. 그곳은 솔로몬이 살고 있는 예루살렘에서 10㎞ 떨어진 먼 곳이에요. 그때에는 자동차도 없으니 제사 드릴 도구를 모두 챙겨서 말을 타고 가야만 했겠죠. 아주 힘들고

솔로몬은 1,000마리의 짐승을 잡아 하나님께 1,000번의 예배를 드렸어요.

번거로운 일이었어요. 그러나 그는 하나님의 음성을 찾는 마음으로 열심히 제사를 드렸어요.

여러분은 하나님께 지금까지 몇 번의 예배를 드렸나요? 솔로몬이 1,000번의 예배를 드렸다는 것은 여러분처럼 주일에 나와서 한 시간만 예배드리고 가는 것이 아니라 온 마음과 정성을 다하여 열심히 예배드렸다는 것을 말해요. 가짜 예배가 아닌 진정한 예배를 드렸지요. 하나님께서는 솔로몬 마음의 중심을 보시고 그 예배를 기쁘게 받아 주셨어요.

진정한 예배로 하나님의 마음을 기쁘게 해 드렸기 때문에 하나님께서 솔로몬의 꿈에 나타나 말씀하셨어요. "내가 네게 무엇을 주랴?" 솔로몬 왕이 뭐라고 대답했을까요? 그 대답은 하나님을 또 한 번 기쁘시게 해 드리는 멋진 대답이었어요.

"하나님께서 저를 왕으로 세워 주셨습니다. 저는 아직 나이가 어립니다. 어떻게 제 임무를 수행해야 할지 모르겠어요. 저는 주님께서 선택하신 셀 수 없을 만큼 많은 백성 가운데 있습니다. 그러니 저에게 옳고 그름을 가리는 마음을 주셔서 백성을 잘 다스리게 해 주세요. 저 혼자서는 할 수 없습니다." 그야말로 겸손하고 멋진 기도였어요. 만약

여러분이라면 뭐라고 기도했을 것 같아요? "부자가 되게 해 주세요, 게임기를 주세요, 핸드폰을 주세요." 뭐 이런 기도를 하지 않았을까요? 하나님께서는 솔로몬 왕에게 이렇게 말씀해 주셨어요. "너 자신을 위해 재산이나 장수를 구하지 않고, 원수들의 목숨도 구하지 않고 백성들을 위한 지혜를 구했으니 네가 구한 대로 될 것이다. 전에도 너와 같은 사람이 없고 나중에도 없을 것이다. 또 네가 구하지 않은 것, 부와 명예도 너에게 주겠다. 만약 네 아버지 다윗과 같이 내 명령과 약속을 잘 지키면 장수하게 될 것이다."

하나님의 약속대로 솔로몬이 다스리던 이스라엘은 강해졌고 잘 살게 되었어요. 주변 많은 나라의 왕들이 솔로몬 왕의 지혜를 시험하기 위해 예루살렘으로 오기도 했어요. 솔로몬은 자신을 먼저 생각하지 않고 하나님과 하나님 나라의 백성을 먼저 생각했기 때문에 복을 받은 것이에요.

여러분은 어떤 꿈과 계획을 가지고 있나요? 그 꿈을 위해서 무엇을 준비하고 있나요? 신입사원으로 입사해서 큰 기업의 사장까지 올라간 분에게 인터뷰를 했대요. "어떻게 해야 성공할 수 있습니까?" 사장님은 좋은 이야기들을 많이 해 주셨어요. 인터뷰한 기자가 지금까지 한

이야기를 한 마디로 요약해 달라고 했어요. 그러자 사장님은 이렇게 말씀하셨어요. "10년 뒤에 하고 있을 일을 지금부터 준비하세요."

10년 뒤에 여러분은 무엇을 하고 있을까요? 10년 뒤에 할 일을 지금부터 준비하는 친구는 지혜로운 친구예요. 어떻게 하면 솔로몬 왕과 같이 지혜롭게 꿈을 이룰 수 있을까요? 첫째로 꿈을 가져야 해요. 그 꿈은 먼저 하나님을 위한 꿈이 되어야 합니다. "너희는 먼저 그의 나라와 의를 구하라. 그리하면 이 모든 것을 너희에게 더하시리라." 이는 예수님의 말씀이에요. 솔로몬 왕의 이야기와 딱 맞아 떨어지지 않나요?

둘째로 꿈을 위해 열심히 준비하고 노력해야 해요. 아무 노력 없이 이루어지는 일은 없어요. 솔로몬 왕도 하나님의 말씀을 듣기 위해 10㎞나 떨어져 있는 곳에 매일같이 제사를 드리러 다녔어요. 마음과

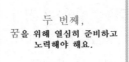

정성을 다하여 1,000번의 예배를 드렸어요. 이처럼 여러분도 꿈을 위해 준비하고 노력하며 기도하세요. 지금은 학교 공부를 왜 해야 하는지 잘 모르겠고 공부가 재미없는 친구들이 많을 거예요. 엄마, 아빠는 매일 돈 없다고 말씀하시면서 가기 싫은 학원에 왜 자꾸 보내시는지 이해할 수 없을 때도 있어요. 그것은 여러분의 꿈을 위해서예요. 여러분을 향한 하나님의 계획을 위해서예요. 기본적인 공부를 다 끝내지 못하면 그것이 꿈을 방해할 때가 많이 있기 때문이에요.

비록 지금은 다 이해할 수 없을지라도 하나님을 믿는다면 감사하면서 열심히 해 보지 않겠어요? 가장 중요한 것은 하나님을 향한 믿음이에요. 하나님께서 나를 향한 멋진 계획을 가지고 계시다는 사실을 믿으세요. 바로 그 하나님을 믿고 따르며 살아간다면 여러분은 이 세상에서 가장 소중한 지혜를 찾은 친구들입니다. 지금 이 순간 우리 모두 함께 하나님을 예배하는 지혜로운 사람이 되기를 소망합니다.

08

[파워포인트 설교]

나의 왕은 하나님

배울말씀 : 사무엘상 8:4~9

사랑하는 여러분, 한 주간 동안 우리의 왕 되신 하나님의 은혜를 경험하며 지냈나요? 오늘은 선생님이 재미있게 봤던 영화가 있어서 그 이야기를 해 주고 싶어요. '헷지(Over the Hedge)'라는 영화를 본 친구 있나요? 개성만점인 동물가족들이 겨울 동안 먹을 양식을 모으기 위해서 인간세상을 습격하는 내용의 재미있는 영화예요. (드림웍스의 2006년 애니메이션 영화인 '헷지'를 DVD로 보여 주거나 파워포인트로 이미지를 보여 주면서 영화설교를 한다.)

평화로운 숲 속 마을에 동물가족들이 모여 함께 살고 있었어요. 방구쟁이 스컹크 스텔라, 날쌘돌이 다람쥐 해미, 겁 없는 주머니쥐 헤더, 겁쟁이 주머니쥐 아빠 오지가 함께 살고 있었어요. 따뜻한 봄이 되어 겨울잠에서 일어난 동물가족들은 겨울이 오기 전까지 열심히 식량을 모아야 했어요. 이 동물가족에게는 대장이 있었는데 좀 느리지만 침착하고 정직한 거북이 '번'이 동물가족을 이끌고 있었어요. 동물가족들 모두 번을 좋아하고 잘 따라주었어요.

그런데 열심히 일해서 식량을 모으려는 동물가족에게 꾀돌이 너구리 알제이가 나타납니다. 꾀돌이 너구리 알제이는 남의 물건을 훔쳐서 먹고 살아가는 약삭빠른 녀석이었어요. 알제이는 동물가족들에게 사람들이 살고 있는 마을로 들어가서 식량을 훔쳐오자고 꼬시기 시작합니다. 사람들이 먹는 음식은 훨씬 맛있는 음식이라고 유혹하지요. 하지만 알제이는 동물가족들을 이용해서 음식을 모은 다음 그 음식을 몽땅 곰에게 갖다 바칠 속

셈이었어요.

알제이의 유혹에 넘어간 동물가족들은 사람들이 먹는 음식 맛에 푹 빠져 버렸어요. 이제 동물가족들은 열심히 일하지 않고 마을로 들어가서 음식들을 마구 훔쳐오기 시작했어요. 거북이 번은 마을에서 훔쳐온 음식을 모두 돌려주어야 한다고 생각했어요. 훔치는 것은 나쁜 일이니까요. 그래서 음식을 제자리에 갖다 놓으려고 했어요. 음식을

갖다 놓으려는 거북이 번과 꾀돌이 너구리 알제이는 서로 다투다가 결국 음식을 모두 날려 버리게 되었어요.

동물가족들은 거북이 번 때문에 그동안 열심히 모은 음식들이 모두 날아갔다고 생각했어요. 그 와중에 거북이 번은 날쌘돌이 다람쥐 해미에게 멍청하다고 말하는 커다란 실수를 하고 말았어요. 동물가족들은 거북이 번을 남겨두고 모두 떠나버리고 말았어요. 동물가족들은 이제 대장이었던 거북이 번보다 꾀돌이 너구리 알제이를 더 좋아하게 되었어요. 동물가족의 대장이 바뀌게 되었지요.

꾀돌이 너구리 알제이는 다시 음식을 열심히 모았어요. 그리고 모든 음식을 곰에게 갖다 바쳤어요. 동물가족들은 알제이에게 배신당했다는 것을 알게 되었어요. 게다가 동물가족들은 해충구제업자에게 잡혀가게 되었어요. 꾀돌이 너구리 알제이는 너무 마음이 아프고 미안한 마음이 들었어요. 그동안 자기에게 따뜻하게 대해 주었던 동물가족들을 잊을 수가 없었기 때문이에요. 그래서 잡혀가고 있는 동물가족들을 구출하기 위해서 다시 돌아왔어요. 알제이는 동물가족 구출작전을 펼치고 그동안 멍청하다고 생각했던 날쌘돌이 다람쥐 해미의 활약으로 동물가족들 모두 살아남게 되었어요.

갈 곳 없이 떠돌아 다녔던 꾀돌이 너구리 알제이는 진정한 가족이 무엇인지 알게 되었고, 동물가족의 한 식구로 같이 살게 되었어요. 정말 행복하게 되었지요?

선생님이 이 영화에서 느낀 것은 대장이 아주 중요하다는 사실이에요. 우리의 대장이 누구인가

에 따라서 행복하게 살아갈 수도, 그렇지 않을 수도 있어요. 오늘 말씀에도 진짜 대장을 몰라보고 왕을 만들어 달라고 불평한 이스라엘 백성이 나와요.

이스라엘 나라는 처음부터 왕이 다스리는 나라가 아니었어요. 하나님께서 다스리셨지요. 하지만 하나님께서 직접 모든 것을 다스리실 수 없었기 때문에 하나님의 종인 선지자들을 통하여서 백성을 인도해 주셨어요. 그중에서 친구들이 잘 알고 있는 사무엘 선지자가 이스라엘의 마지막 선지자였어요. 사무엘 선지자가 나이가 많이 들어서 할아버지가 되었을 때에 이스라엘의 장로들이 찾아와서 왕을 세워 달라고 요구했어요. 이웃에 있는 다른 나라들을 보니까 다 왕이 있고, 왕이 있는 나라는 군대를 많이 모아서 힘도 세지고, 먹을 것도 많아서 잘 사는 것처럼 보였기 때문이에요. 이스라엘을 다스리고 계시는 분은 전능하신 하나님인데 사람들은 하나님을 잊어버렸던 거예요.

이스라엘 백성의 눈에는 하나님이 보이지 않았어요. 하나님의 말씀이 들리지 않았어요. 백성이 하나님과의 약속을 지키지 않고 하나님을 사랑하지 않고 자기들 마음대로 살았기 때문이에요. 하나님께 예배드리지 않고 기도하지 않았어요. 하나님을 온전히 믿지 않았어요. 하나님은 눈에 보이는 것만 보고 따라가는 이스라엘 백성 때문에 마음 아파하셨어요.

하나님께서는 우리가 이스라엘 백성처럼 눈에 보이는 것만 따라 살 때 속상해하세요. 싸움을 좋아하는 친구는 없겠지만 가끔씩 학교에서 다른 친구들이 나를 놀리거나 업신여길 때가 있지요? '저 녀석이 내가 약해 보인다고 나를 무시해서 저러나?' 싶어서 일부러 강하게 보이려고 다른 친구들에게 무서운 욕을 했던 적은 없나요? 나를 무시하지 못하게 하려고 친구들에게 욕한 적 없어요? 동생들을 이기려고 힘으로 누르고 소리 지르고 때렸던 적은 없나요? 선생님은 우리 교회 친구들의 모습 속에서도 이런 모습들을 많이 봤어요.

하지만 여러분, 그러지 않아도 돼요. 그건 정말 강한 사람이 아니에요. 정말로 힘센 사람이 아니에요. 여러분이 욕하고 소리 지르고 다른 친구들을 때리는 동안에는 다른 친구들이 여러분을

Ⅲ

새로운 세상을 향한 삶

무시하지 못할 수 있지만 그때뿐이에요. 속으로는 여러분을 더 무시하게 돼요. 여러분을 좋아하지 않을 것이고 같이 놀아주지 않을 것이고 진정한 리더로 생각하지 않을 거예요.

　예수님께서 칼로 일어난 사람은 칼로 망한다고 말씀하셨어요. 우리는 어리석어서 진짜 두려워해야 할 것과 두려워하지 말아야 할 것을 잘 모를 때가 너무 많아요. 또 어떤 때는 머릿속으로는 알면서도 내 마음과 발걸음은 가짜 왕들을 따라 갈 때도 있어요.

　사랑하는 여러분, 여러분의 진짜 왕은 누구인가요? 지금 여러분의 마음 속 주인은 누구인가요? 우리 마음속의 주인은 나의 죄를 위해 십자가에 달리신 예수님이 되어야 해요. 지금도 예수님은 우리가 마음을 열고 예수님을 주인으로 받아들이기를 기다리고 계세요.

　지금 이 시간, 내가 사랑했던 모든 것을 하나님과 예수님 앞에 다 내려놓으세요. 더 이상 힘센 척 하면서 욕하지 마세요. 친구를 때리지 마세요. 친구를 무시하지 마세요. 움츠리고 힘 빠지고 자신감 없는 모습도 다 버리세요. 어깨를 활짝 펴고 두 손을 높이 들고 파란 하늘을 생각해 보세요. 파란 하늘 위 흰 구름이 예쁘게 떠다니는 곳에 하늘아

빠가 보고 계시다는 것을 기억해 보세요. 예수님이 언제나 여러분을 지켜 주고 계세요. 최강의 하나님께서 우리와 함께 계세요. 그거면 충분해요.

　다른 그 무엇도 필요하지 않아요. 이 세상 어떤 것과도 바꿀 수 없어요. 언제나 우리의 챔피언 되시는 하나님과 예수님과 성령님만 의지하며 살아가는 여러분이 되기를 소망합니다.

09

마음을 지키라

배울말씀 : 열왕기하 23:1~3

어떤 임금님이 자기 신하들을 시험해 보기로 했어요. 신하들이 약속을 얼마나 소중하게 생각하는지 알고 싶었거든요. 임금님은 모든 신하를 우물가 옆으로 불러 모았어요. 그리고 옆에는 밑 빠진 항아리와 바가지 하나를 놓았어요. 그리고 신하들에게 이렇게 말했지요.

"그대들은 나라를 위해, 나를 위해 무엇이든 하겠다고 약속할 수 있겠나?" 신하들은 어떤 일이든지 할 수 있다고 대답했어요. 목숨이라도 내어 놓을 수 있다고 대답한 신하도 있었어요. "그럼 저 바가지로 이 항아리에 물을 가득 채우시오. 여기 있는 바가지만을 사용해야 하오. 약속을 잘 지키면 좋은 일이 있을 것이오."

임금님이 돌아간 뒤에 신하들은 한참을 고민했어요. 몇 명의 신하들이 바가지를 들고 항아리에 물을 담아보기도 했어요. 하지만 밑 빠진 항아리라 아무리 물을 부어도 채워지지 않아서 금방 포기해 버리고 말았어요. "참나, 나라를 다스리기도 바빠 죽겠는데 무슨 대단한 일을 시킬 줄 알았더니, 이런 하찮은 일이나 시키고…. 나는 돌아가겠네. 처리해야 할 일들이 많아." 신하들은 모두 포기하고 돌아갔어요.

그런데 그해 과거시험에 합격한 한 명의 신하는 돌아가지 않고 그 자리에 남았어요. "그래도 임금님의 명령인데 포기할 수 없지. 분명히 숨겨진 깊은 뜻이 있을 거야." 신참내기 신하는 바가지를 들고 이를 악 물었어요. 우물에 있는 물을 떠서 항아리에 열심히 부었어요. 항아

리에 물은 채워지지 않았지만 포기하지 않고 하루 종일 물을 부었어요. 온 몸에 땀이 흐르고 허리가 끊어질 듯 아팠지만 포기하지 않았어요. 임금님이 왜 이런 일을 시켰는지 이해할 수 없었지만 어떤 일이라도 하겠다고 했던 약속을 기억하면서 열심히 했어요.

한참이 지난 뒤 얼마나 열심히 했던지 우물가에 있는 물이 바닥을 드러내기 시작했어요. 그런데 깊은 곳에 무언가 반짝이는 것이 있어서 건져 봤더니 바로 황금 한 덩어리가 들어 있었어요.

깜짝 놀란 신하는 황금을 들고 가서 자초지종을 설명 드렸어요. 임금님은 웃으면서 말했어요. "약속을 지키면 좋은 일이 있을 거라고 하지 않았소. 그 황금은 선물이오."

약속은 아주 소중한 거예요. 약속은 서로를 향한 믿음이에요. 하나님께서는 이스라엘 백성을 사랑하고 믿어 주셨어요. 그래서 이스라엘 백성에게 열 가지 약속을 주셨지요. 뭘까요? 맞아요, 바로 십계명이에요. 그 중에 가장 중요한 계명은 바로 제 1계명인 "나 이외에 다른 신을 섬기지 말라."였어요.

> 약속은 아주 소중한 것입니다.
> 약속은 서로를 향한
> 믿음이에요.

> 하나님이 이스라엘 백성에게
> 주신 약속?
>
> **십계명**

이스라엘 백성이 이 약속을 잘 지켰나요? 그들은 하나님께서 가장 싫어하는 줄 알면서도 황금으로 소를 만들어서 그것에다 절을 했어요. 이걸 우상숭배라고 불러요. 비가 내리지 않으면 비를 내려 달라고 절을 해요. 아기를 못 낳으면 아기를 낳게 해 달라고 절을 해요. 하나님이 화를 내시고 벌을 주시면 그때마다 잘못했다고 용서를 빌었지만 조금 지나면 잊어버리고 나서 우상숭배하고, 또 잘못했다고 했다가 또 잊어버렸어요. 그러다가 점점 잊어버리더니 이제는 하나님을 기억조차 하지 못하게 되었어요. 결국 이스라엘은 나라가 둘로 갈라지게 되었어요.

온 나라 백성이 하나님을 믿고 의지하기보다는 우상에게 절하고 제

> 하나님과의 약속을 기억하여
> 하나님을 기쁘시게 해 드린 왕
> 이 있었어요.
>
> 바로 요시야 왕이랍니다.

사하는 일들이 당연한 일처럼 되어 버렸어요. 나라를 다스리는 왕들이 하나님을 믿지 않으니 백성들이야 말할 것도 없었어요. 하나님 보시기에 정직하지 못하고 악한 일만 일삼던 왕들 중에서 다행스럽게도 하나님과의 약속을 기억하여 하나님을 기쁘시게 해 드린 왕이 있었어요. 이 왕은 여덟 살이라는 아주 어린 나이에 왕이 되었어요. 바로 요시야 왕이에요.

요시야 왕은 온 나라에 퍼져 있는 우상들을 불태워 버리기로 했어요. 그리고 하나님께 예배드리는 성전을 깨끗이 치우라고 명령했어요. 그리고 조상들이 우상을 숭배하며 더럽힌 성전을 수리하도록 명령했어요.

그런데 대제사장 힐기야가 일꾼들과 함께 성전을 수리하다가 하나님의 말씀이 적힌 율법 책을 발견했어요. "임금님! 임금님께서 종들에게 명령하신 것을 종들이 그대로 다 하였습니다. 그런데 대제사장 힐기야가 성전에서 하나님 말씀이 적힌 율법 책을 발견하였다 하옵니다." "그래? 그럼 읽어 보도록 하여라."

신하가 왕 앞에서 큰 목소리로 하나님의 말씀이 적힌 율법 책을 읽기 시작했어요. 요시야 왕은 그 율법 책의 말씀을 듣고는 가슴을 치면서 옷을 찢었어요. 또 살아 계신 하나님 앞에 무릎을 꿇고 울었어요. 하나님께서 싫어하시는 일들을 할아버지와 아버지 그리고 이스라엘 백성이 했다는 사실 때문에 너무나 마음이 아팠어요.

요시야 왕은 옷을 찢고 금식하면서 하나님께 회개 기도를 했어요. 모든 백성에게 우상을 버리고 하나님만 섬기라고 선포하고 예배드리게 했어요. 그동안 행했던 잘못을 모두 끊어 버렸어요.

사랑하는 여러분, 지금 여러분의 마음속에 있는 우상은 무엇인가요? 하나님께서 기뻐하시지 않는 일들을 왜 버리지 못하고 붙잡고 있나요? 하나님께 약속해 놓고 왜 지키지 못하고 있어요? 지금 여러분의 마음은 누가 가지고 있나요? 지금 이 시간, 여러분의 마음을 예배드리는 하나님과 예수님과 성령님께 온전히 드리고 있나요?

여러분의 마음을 지켜 주시는 분은 하나님입니다. 하나님의 말씀이에요. 말씀을 읽지 않으면 마음을 지킬 수 없어요. 마귀들은 호시탐탐 여러분의 마음을 뺏어가기 위해서 기회를 엿보고 있어요. 무엇으로 여러분의 마음을 뺏을까요? 컴퓨터 게임, 인터넷에 있는 나쁜 문화들, 친구를 미워하는 마음, 욕심의 마음. 여러분의 눈과 귀와 마음을 사로잡는 많은 것들로 가득 채워서 하나님과 우리 사이를 멀어지게 하고 있어요.

이런 세상에서 하나님과의 약속을 기억하는 것은 쉽지 않아요. 금방 잊어버리게 돼요. 일주일에 한 번 예배드리는 것으로 충분하지 않아요. 열심히 찬양하고 기도하면서 눈물 흘려도 교회 밖으로 나가면 금방 잊어버리는 것이 사람의 마음이에요. 그래서 매일매일 성경을 읽는 것이 중요합니다.

이는 하나님과의 약속을 잊어버리지 않기 위한 것이에요. 매일 성경을 읽는다는 것은 어렵고 힘든 일입니다. 하지만 이것은 여러분을 힘들게 하거나 괴롭히기 위한 것이 아니에요. 여러분의 생명과 영혼을 위한 일이에요. 매일매일 한 장씩이라도 조금씩 조금씩 하나님의 말씀을 읽고 묵상하세요. 어린이큐티 책을 사서 말씀을 보아도 좋아요. 특별히 구약성경의 잠언을 매일매일 한 장씩 읽으면 좋겠어요. 지혜로운 어린이가 됩니다.

요시야 왕이 하나님의 말씀을 통해 하나님과 가까워졌던 것처럼 여러분도 하나님의 말씀을 사랑하고 마음을 지키는 친구들이 되기를 기도합니다.

요시야 왕이 하나님의 말씀을 통해 하나님과 가까워졌던 것처럼 우리 친구들도 하나님의 말씀을 사랑하고 마음을 지키는 친구들이 되기를 기도합니다.

10

[파워포인트 설교]

기적은 기도에서부터 시작됩니다

배울말씀 : 열왕기하 20:1~7

여러분은 어려운 일이 있을 때 어떻게 하나요? 많은 사람들은 엄마나 아빠에게 도움을 청하거나 친구에게 고민을 얘기해요. 혼자 해결하려고 끙끙대는 경우도 많이 있지요. 자, 선생님을 따라해 봅시다. "어려운 일이 생길 때 기도하자! 힘든 일이 생겨도 기도하자!"

하나님은 여러분의 기도에 응답해 주십니다. 하나님께 기도하면 놀랍고 신기한 일들이 많이 일어나요. 지금까지 하나님께 기도해서 가장 많이 응답을 받은 아저씨가 있어요. '죠지 뮬러' 라는 아저씨예요. 이분은 어린이들을 위한 고아원을 만들어서 갈 곳 없는 어린이들을 돌보아 주었어요. 하지만 돈이 없고, 먹을 것이 없을 때가 많아서 어려운 일들이 많았어요.

죠지뮬러 아저씨는 고아원을 만들어서 갈 곳 없는 어린이들을 돌보아 주었어요.

장대비가 마구 내리던 어느 날 아침, 고아원에는 먹을 것이 하나도 남아 있지 않았어요. 아침을 먹어야 하는데 먹을 것이 아무 것도 없었지요. 목사님은 과연 어떻게 하셨을까요? 아침 식탁 위에는 아무 것

어느 날 아침, 고아원에는 먹을 것이 하나도 남아 있지 않았어요.

400명이나 되는 고아원 친구들과 함께 식탁에 둘러앉아서 손을 잡고 기도했어요.

도 없었지만 400명이나 되는 어린이들과 함께 식탁에 둘러앉아서 손을 잡고 기도했습니다. "하나님, 오늘도 우리에게 좋은 아침을 주시고, 일용한 양식을 주시니 감사합니다. 이 음식을 먹고 건강하게 살아갈 수 있게 해 주시고, 예수님처럼 지혜로운 친구들이 되게 해 주세요. 예수님의 이름으로 기도합니다. 아멘." 이렇게 기도하자마자 정말 신기하게도 고아원 앞에 한 대의 마차가 왔는데 그 마차 안에는 따뜻한 빵과 신선한 우유가 가득 있었어요. 옆에 있는 공장에서 소풍을 가려고 주문한 빵과 우유였는데 비가 오는 바람에 소풍을 못 가게 되어서 고아원으로 보내 준 거예요. 와~

정말 신기하지 않나요?

성경은 이렇게 하나님께 기도해서 이루어진 놀라운 이야기들로 가득 차 있어요. 이렇게 신기하고 놀라운 일들을 누가 이루어 주실까요? 맞아요, 전능하시고 못하는 일이 없으신 우리 하나님께서 이루어주신 일들이에요. 그렇지만 우리가 기도하지 않으면 이런 일들은 일어나지 않아요. 성경말씀에 보면 믿음의 기도는 병든 자를 구원하고, 죄 지은 사람을 용서해 주신다고 하셨어요.

오늘 함께 은혜를 나눌 성경말씀은 어려운 일이 생길 때마다 하나님께 기도한 히스기야 왕에 대한 말씀이에요. 히스기야는 하나님께 기도하여 기도응답을 많이 받은 대표적인 사람이에요. 어떤 일이 있었냐고요? 이웃나라 앗수르에서 엄청난 군대를 거느리고 이스라엘을 공격했어요. 항복하라는 편지와 함께 말이에요. 도저히 이스라엘의 군대로는 이길 수가 없었어요. 이럴 때 어떻게 해야 할까요? 항복해야 할까요? 그래요, 기도해야죠. 히스기야는 편지를 들고 성전으로 올라갔어요. 그리고 금식하며 기도했어요. "하나님, 도와주세요. 하나님, 우리를 원수들의 손에서 구원해 주세요." 손을 들고 간절히 하나님께 기도했어요. 하나님께서는 그 기도를 들으시고 밤에 천사들을 보내셔서 적군 185,000명을 공격하셨어요. 기도하고 아침에 나가 보니 적군 185,000명이 모두 다 죽어 있었지요.

히스기야 왕에게 또 다시 큰 어려움이 찾아왔어요. 그가 병들어 죽게 되었던 것이죠. 당시 선지자로 활동하였던 이사야 선지자가 하나님의 말씀을 받고 그에게 찾아와서 말했어요. "하나님께서 나에게 말씀하셨는데 당신이 이제 곧 죽게 된답니다." 나라를 잘 다스리면서 다른 나라의 공격을 잘 넘겼던 히스기야 왕에게는 하늘이 무너지는 소식이었어요. 이제 좀 마음 편히 나라를 다스리려고 하니까 자신에게 죽을병이 찾아온 것이에요.

히스기야 왕은 충격적인 소식을 듣고, 마음이 혼란스럽고 절망적이었지만 마음을 침착하게 했어요. 다른 어떤 것보다도 먼저 하나님께 기도해야 한다고 생각했어요. 얼굴을 성전이 있는 벽 쪽으로 향하고 하나님께 최선을 다하여 기도했어요. "하나님, 마음을 다하여 하나님을 섬긴 것을 기억하시고 병을 낫게 해주세요. 저를 살려 주세요." 간절히 기도하는 히스기야 왕의 머릿속에 많은 일들이 스쳐지나 갔어요. 처음 왕이 되었을 때, 하나님을 처음 만났을 때, 이웃나라 앗수르가 쳐들어 왔을 때 하나님께서 천사를 보내주셨던 일들, 기쁘고 감사한 시간들이 생각났어요. 힘들고 어려웠지만 기도로 이겨 낸 시간들이었어요. 열심히 기도하는 히스기야 왕의 두 눈에서 뜨거운 눈물이 흘러내렸어요.

하나님께서 그 눈물을 보시고 마음을 바꾸셨어요. 앞으로 15년을 더 살게 해 주시고, 외부의 침입으로부터 나라를 구해주신다고 하셨어요. 이 약속의 증거로 해시계의 해 그림자를 뒤로 십도 물러가게 하는 초자연적인 기적을 베푸셨어요. 해는 동쪽에서 서쪽으로 지는데, 서쪽에서 동쪽으로 해 그림자가 뒤로 10도쯤 물러가게 하신 것입니다.

지금도 이런 놀라운 기적이 일어날 수 있을까요? 여러분은 어려운 일이 있을 때마다 기도하고 있나요? 학교에서 시험 보고, 학원 다니고, 공부해야 하고, 매일 일찍 일어나서 학교에 가야 하지요? 하고 싶은 것도 많고 가지고 싶은 것도 많은데 생각하는 것만큼 다 하면서 살 수 없지요? 아빠, 엄마는 매일 안 된다고만 하시고 아무 것도 내 맘대로 할 수 있는 것이 없어서 속상하지요? 여러분에게도 마음 아프고 속상하고 외롭고 어려운 일이 참 많이 있다는 것을 알고 있어요. 그렇지만 포기하지 않았으면 좋겠어요. 히스기야 왕이 당했던 어려움에 비교하면 조금 낫지 않나요?

포기하지 말고 힘을 내세요. 예수님은 모든 것을 알고 계시니까요. 여러분이 무슨 생각을 하는지, 어떤 마음을 가지고 있는지 예수님은 모두 알고 기다리고 계세요. 여러분이 조용히 나아와 예수님께 이야기해 주기를 기다리고 계세요.

지금도 놀라운 기적은 일어날 수 있어요. 기적은 하나님께 드리는 작은 기도에서부터 시작되니까요. 우리의 이야기를 모두 들어 주시는 예수님께 다 말씀드리지 않을래요? 어떤 일이든지 예수님께 기도하며 도움을 구하는 여러분이 되기를 소망해요.

> 우리의 이야기를 모두 들어 주시는 예수님께 다 말씀 드리지 않을래요?

내 생명은 하나님께 달려 있죠

배울말씀 : 사무엘하 5:1~5

하나님을 믿는 것은 행복한 일이에요. 여러분은 하나님 때문에 행복한가요? 예수님 때문에 행복한가요? 이 세상에는 하나님을 믿고 따르다가 어려움과 고난을 당한 사람들이 참 많아요. 오늘 말씀은 많은 어려움과 고난을 당하고도 포기하지 않고 이겨내서 왕이 된 다윗에 대한 말씀이에요.

다윗은 왕이 되기까지 어렵고 힘든 시간을 보내야 했어요. 바로 사울 왕 때문이죠. 맨 처음 왕이 되었던 사울 왕은 처음에는 백성을 위하고 하나님을 잘 믿었지만 교만한 마음 때문에 하나님을 멀리하였어요. 사

울 왕의 욕심은 교만으로 바뀌었어요. 게다가 젊은 다윗을 질투하고 미워하였지요. 악한 영에 사로잡힌 사울 왕은 다윗을 죽이려고 여러 번 시도했어요.

수금을 연주하던 다윗을 향해 창을 날리고, 도망친 다윗을 잡으려고 온 나라를 돌아다니며 쫓고 쫓기는 추격전을 벌였어요. 사울 왕에게 쫓기던 다윗은 깊은 동굴 속으로 도망가게 되었지요. 쫓기는 신세다 보니 고향으로 돌아갈 수도 없어서 물도 없는 광야에서 살았고, 이스라엘을 괴롭힌 블레셋으로 도망가기도 했어요. 하지만 다윗의 생명

은 하나님께서 가지고 계셨기 때문에 사울 왕은 다윗을 결코 잡을 수 없었어요.

여러분, 친구들과 숨바꼭질 해 본 적 있나요? 술래에게 들킬까 봐 가슴이 콩닥콩닥 했지요? 다윗은 생명을 걸고 도망 다녔어요. 단 하룻밤도 편안하게 잘 수 없었던 하루하루였어요.

선생님이 만약 다윗의 입장이었다면 하나님을 원망했을 것 같아요. "하나님, 제가 왕이 될 거라고 말씀하셨잖아요. 그런데 저에게 왜 이렇게 어려운 시련을 주세요. 저를 버리셨나요?" 마치

하나님이 계시지 않은 것처럼 생각할 수 있어요. 자기를 죽이려고 쫓아다니는 사울 왕과 싸울 수도 있었어요. 그렇다면 다윗은 사울 왕을 이길 수 없었기 때문에 도망만 다녔을까요?

다윗 왕은 사울 왕을 죽일 수도 있었지만 그렇게 하지 않았어요. 사울 왕이 동굴에서 자고 있을 때에 몰래 숨어 들어가서 사울 왕의 옷자락만 잘라서 가지고 나온 적도 있어요. 다윗이 사울 왕을 죽이지 않았던 것은 사울 왕이 하나님께서 기름 부으신 왕이기 때문이에요. 사울 왕이 잘못한 것은 하나님께서 벌을 주실 일이지 자기가 할 일이 아니

다윗은 사울 왕을 죽일 수도 있었지만 그렇게 하지 않았어요.

라고 말했어요. 다윗 왕의 뒤를 따르던 신하들은 다윗 왕을 이해하지 못해 답답했어요. 사울 왕을 죽이고 왕이 될 수 있는 좋은 기회가 눈앞에 있는데 그것마저도 포기했으니까 말이에요. 어떻게 보면 바보스러울 정도로 참고, 참고 또 참으면서 하나님께서 인도해 주시기를 기다렸어요. 그렇게 오랜 시간을 기도하며 참아 내었더니 마침내 기회가 왔어요.

이스라엘의 모든 지파와 백성을 이끌어 왔던 장로들이 다윗에게 왔어요. "사울 왕이 우리 왕이었을 때 이스라엘 군대를 이끌어 내기도 하고 다시 데리고 들어오기도 한 분은 왕이었습니다. 하나님께서 왕에게 '너는 이스라엘의 목자가 되고 이스라엘의 통치자가 될 것이다' 라고 말씀하셨습니다. 우리의 왕이 되어 주십시오." 다윗은 이스라엘

우리의 왕이 되어 주세요!

의 모든 장로와 하나님 앞에서 약속을 맺고 왕이 되었어요. 다윗 왕이 30살 때의 일이에요. 죽음의 위기도 넘기며 매일매일 하나님을 찬양하고 기도하며 살았더니 기쁨의 시간을 주셨어요. 모든 것을 하나님께 맡기고 의지한 믿음의 결과였어요. 여러분, 하나님께 모든 것을 맡길 수 있나요?

사랑하는 아내와 아이들을 데리고 카자흐스탄이라는 나라에서 하나님의 복음을 전하던 한재성 선교사님이 있었어요. 선교사님은 그 나라 사람들에게 태권도를 가르치며 예수님을 전했어요. 그렇게 하루하루 기쁨과 감사함으로 살아가던 어느 날, 선교사님에게 말로 다 할

수 없는 슬픈 일이 다가왔어요. 선교사님의 집에 강도가 들어 선교사님의 부인을 죽이고 도망갔던 거예요. 강도들은 선교사님의 집에 돈이 많은 줄 알고 들어왔다가 돈이 없으니까 칼로 잔인하게 찔렀어요. 선교사님은 너무도 슬퍼 그 슬픔을 감당할 수 없었어요. 선교사님이 쓰신 글을 조금 읽어 줄게요. "나는 만약 아내의 죽음이 우연한 사고였다면, 그때 그 순간 아내를 지켜주지 않으신 하나님을 감히 원망했을 것이다. 그러나 하나님은 아내를 카자흐스탄 땅에 순교의 제물로, 희생의 제물로 삼으시기 위하여 택하였음을 분명히 믿기에, 그 하늘 아버

지의 하신 일 앞에 그저 이 죄인의 머리를 숙이기로 했다. 그리고 나도 다시 언젠가 그 땅에서 제물로 드려지는 그날까지 피 묻은 복음을 전하기로 작정하였다. 살해현장에 있었던 나의 성경책 위에는 그때 뿌려진 아내의 핏자국의 흔적이 남아 있다. 이제 내가 해야 할 일은 예수 그리스도의 피 묻은 복음, 그것 위에 아내의 피가 묻어 있는 하나님의 말씀을, 전하는 것뿐이다. 피 묻은 주의 복음, 피 묻은 나의 성경책, 내 평생 다가도록 사랑하리라." 선교사님은 아내를 죽인 카자흐스탄 땅으로 다시 돌아가기로 하였습니다. 그리고 그곳에서 다시 복음을 전하기로 하였어요.

이처럼 하나님의 말씀을 따라 사는 것은 쉽지 않은 일이에요. 나의 모습을 포기해야 하는 일이지요. 하지만 예수님은 십자가의 길을 걸어가셨어요. 물론 예수님은 이 세상 어느 누구보다 힘든 것을 잘 알고 계시는 분이에요. 나의 죄를 위해서 우리의 죄를 위해서 이 세상의 죄를 위해서 예수님은 멀고도 힘한 길을 걸어가셨어요. 아버지의 뜻을 이루어 드리기 위해 아무 말씀 않으시고 순종하셨어요. 그 예수님께 여러분을 드릴 수 있나요?

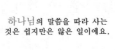

하나님의 말씀을 따라 사는 것은 쉽지만은 않은 일이에요.

우리는 예배드릴 때마다 찬양할 때마다 너무나 쉽게 말합니다. 예수님을 사랑한다고 예수님을 위해 무슨 일이든지 하겠다고 약속합니다. 그 말의 뜻이 무엇인지도 모르고, 지키지도 못할 약속을 예수님 앞에 합니다. 그리고 날마다 예수님을 실망시켜 드립니다. 그 길은 죽음과 고난의 길이 될 수도 있습니다. 힘들고 어려운 길이 될 수도 있습니다. 하나님을 정말 사랑하나요? 모든 것을 버리고 예수님의 길을 따라갈 수 있나요?

모든 것을 버리고 예수님의 길을 따라갈 수 있나요?

'우리 집은 가난해서, 나는 공부를 못해서, 우리 집은 엄마 아빠가 예수님을 안 믿어서, 나를 믿어 주는 사람이 없어서, 나는 재능이 없어서, 아무 것도 할 수 없어.' 이렇게 하나님을 원망하며 불평하며 살고 있지는 않나요? 예수님을 사랑하기보다는 내가 사랑하고 싶은 것만 따라 살고 있지 않나요? 힘이 들 때마다, 포기하고 싶을 때마다 오늘 말씀을 기억하세요.

모든 어려움을 이기고 왕이 된 다윗을 기억해 보세요. 여러분을 향한 하나님의 계획을 생각해 보세요. 하나님의 나라를 위해서 어떤 사람이 될지 어떻게 쓰임 받을 수 있을지 미래의 나의 모습을 그려보세요. 때로는 힘들고 어려운 길이 될 수도 있지만 그 길의 끝에는 기쁨과 영광, 승리가 있어요. 나의 죄를 씻어 주시고 죽음에서 생명으로 바꾸어 주신 우리의 아버지 예수님이 기다리고 계신 곳이에요. 하나님 아버지와 영원한 하늘나라를 위해서 포기하지 않고 순종하는 친구들이 되기를 소망합니다.

하나님 아버지와 영원한 하늘나라를 위해서 포기하지 않고 순종하는 친구들이 되기를 바라요~

네 안의 꿈을 펼쳐라

배울말씀 : 열왕기하 2:1~11

여러분, 이 사진 속에 있는 발의 주인공이 누구일까요? 우리나라 축구 선수인 박지성 선수의 발이에요.

누군가 말했다. 축구선수가 되기엔 너무 왜소한 체격을 갖췄다고.
또 누군가 말했다. 유럽 리그에서의 몸싸움을 견뎌 내기엔 역부족일 것이라고.
그러나 나는 축구선수가 되었고, 유러피언의 거친 몸싸움도 굳건히 이겨내고 있다.
나에게 축구란 그 어떤 제약조건도 장애물도 없는 무한지대다.
그러기에 좌절 역시 존재하지 않는다.
나는 믿는다. 축구에 대한 이 열정이 내가 원하는 곳으로 내가 꿈꾸는 곳으로 이끌어 줄 것임을.

박지성 선수의 글이에요. 많은 사람들이 좋은 축구선수가 되기 어렵다고 말했지만 그는 포기하지 않았다고 말하고 있어요. 결국 박지성 선수는 세계에서 가장 축구를 잘하는 사람들이 모여 있다는 영국 맨체스터 유나이티드 팀에 들어갔어요. 그리고 그곳에서 대한민국의 이름을 날리며 열심히 꿈을 향해 달리고 있어요.

오늘 성경말씀은 포기하지 않고 하나님의 능력을 받기 원했던 엘리사 선지자에 대한 말씀이에요. 엘리사는 엘리야 선지자를 스승으로 모시고 따라다녔어요. 얼마나 열심히 엘리야 선지자를 따라 다녔는지 마

치 엘리야의 그림자처럼 떨어지지 않으려고 했어요. 엘리사는 엘리야 선지자가 일으키는 많은 능

력과 기적을 보면서 하나님을 알아가기 시작했어요.

이제 엘리야 선지자는 하나님의 부르심을 받고 하늘로 올라갈 때가 되었어요. 엘리야 선지자가 엘리사에게 말했어요. "아이고 허리야~ 엘리사야, 너는 이제 그만 따라오고 여기서 기다려라. 하나님께서 나를 벧엘로 부르신다." "아이고 선생님~ 하나님과 선생님의 살아 계심을 두고 맹세하는데 저는 절대로 선생님을 안 떠나요." 엘리사는 엘리야 선생님의 뒤를 졸졸 따라 벧엘까지 갔어요.

벧엘에서 엘리야 선지자가 또 말했어요. "아이고 머리야~ 인석아, 그만 좀 따라다녀. 너 때문에 머리가 아프다. 하나님께서 나를 여리고로 부르셔." "아이고 선생님~ 선생님, 그런 말씀 마세요. 저는 죽어도 선생님을 떠나지 않을 거예요." 엘리사는 엘리야 선생님의 뒤를 또 졸졸 따라갔어요.

여리고에 도착하자 엘리야 선지자가 또 말했어요. "아이고 힘들다~ 엘리사야, 이제 그만 따라오고 여기서 잠깐만 기다려라. 하나님께서 나를 요단으로 부르신다." "아이고 선생님~ 이제 그만 포기하시죠? 말씀 드렸죠? 저는 절대로 선생님을 떠나지 않습니다." 엘리사는 하나님과 선생님께 맹세한다면서 찰거머리처럼 엘리야 선생님을 따라다녔어요. 하나님께서 엘리야 선생님을 하늘로 데려 가시려 한다는 사실을 알았기 때문이에요.

엘리야 선지자가 엘리사에게 물었어요. "너는 주님께서 나를 데리고 가시기 전에 너에게 어떻게 해 주기를 바라느냐?" "스승님이 가지고 계신 능력의 두 배를 저에게 주세요." 여러분, 엘리야가 얼마나 위대

한 선지자인지 기억하고 있나요? 바알 신을 섬기는 850명의 우상숭배자들과 대결해서 하나님께 기도했던 사람이었어요. 못된 짓만 일삼는 아합 왕에게 당당하게 나아가 잘못을 꾸짖었던 용기의 사람이었어요. 3년 동안 비가 오지 않던 땅에 하나님께 기도하여 비가 오게 만들었던 능력의 사람이었어요. 그런 능력의 선지자보다 두 배가 많은 능력을 달라니요?

엘리사가 두 배의 능력을 달라고 말한 것은 결코 욕심을 부리기 위한 것이 아니었어요. 하나님의 은혜를 너무나 받고 싶다는 간절한 마음의 표현이에요. 엘리야 선지자는 이렇게 대답했어요. "너는 참으로 어려운 일을 구하는구나. 만약 내가 하늘로 올라가는 것을 보면 그렇게 될 것이고, 보지 못하면 그렇게 되지 않을 것이다." 갑자기 하늘에서 불 전차와 불 말이 나타나서 엘리야 선지자를 하늘로 데리고 올라갔어요. 엘리사는 엘리야가 하늘로 올라가면서 떨어뜨린 옷을 주웠어요. 그리고 그동안 열심히 따라다녔던 엘리야 선생님이 하늘나라에 가게 되자 슬퍼하며 소리쳤어요. "내 아버지여, 내 아버지여, 이스라엘의 전차와 마병이여!" 그리고 자기의 옷을 찢었어요.

하나님께서는 엘리사 선지자의 마음을 보셨어요. 엘리사는 엘리야 선지자의 마지막을 끝까지 지켰어요. 힘들고 어려울 때마다 아무 불평도 하지 않고 묵묵히 뒤를 따랐어요. 선생님의 말대로 하늘로 올라가

는 엘리야 선지자의 모습을 보기 위해 끝까지 노력했어요. 선생님의 뒤를 이어 하나님의 말씀을 잘 전하고 싶다는 마음으로 두 배의 능력을 달라고 했던 대답은 하나님을 기쁘시게 했어요. 하나님께서는 엘리사 선지자에게 두 배의 능력을 허락해 주셨답니다.

사랑하는 여러분, 엘리야 선생님을 끝까지 따라 다녔던 엘리사의 모습에서 무엇을 느낄 수 있나요? 엘리사는 처음부터 엘리야 선생님의 제자였던 것은 아니에요. 처음에는 엘리야 선지자가 손을 씻을 때 물을 떠다 주고 물을 부어 주던 일을 했어요. 하지만 작은 일을 열심히 했어요. 엘리야 선생님이 하늘로 올라 갈 것임을 알았을 때에도, 이제

그만 따라 오라고 했을 때에도 그는 포기하지 않았어요. 3번이나 나를 따라오지 말라고 이야기했지만 포기하지 않았어요. 하나님의 말씀을 전하는 선지자에게 꼭 필요한 능력을 받기 위해서 포기하지 않는 마음을 가졌던 것이에요.

여러분 모두의 마음속에도 꿈이 있다는 것을 알아요. 꿈을 이루어 나가는 길은 멀고 힘들어요. 최고가 되기 위해서는 최고가 되기 위한 만큼의 땀을 흘려야 해요. 힘들다고 포기한다면 꿈을 이룰 수 없어요. 하나님께서는 포기하지 않고 끝까지 노력하는 사람에게 지혜와 용기를 주셔서 꿈을 이룰 수 있게 도와주세요.

꿈을 이루기 위해서는 공부를 열심히 해야 한다고 어른들이 말씀하시죠? 그렇지만 공부하기 싫을 때가 얼마나 많이 있나요? 포기하고 싶을 때가 항상 있지만 그럴 때에는 마음 속 깊이 위로하시는 예수님의 십자가를 기억해 보세요. 예수님은 우리의 모든 것을 알고 계세요. 나의 어깨를 꼭 안아 주시는 예수님께 이야기하면 언제나 용기가 생겨요.

하나님께서 주신 꿈을 향하여 예수님과 함께 한 걸음 한 걸음 포기하지 않고 나아가는 여러분이 되기를 기도합니다.

13

포기하지 않는 믿음

배울말씀 : 열왕기하 4:17~37

햇살이 따뜻한 어느 날, 엘리사 선지자가 '수넴'이라고 불리는 마을을 지나가게 되었어요. 그곳에는 한 부유한 여인이 살고 있었어요. 이 여인은 엘리사 선지자가 하나님의 사람인 것을 한 눈에 알았지요. 그녀는 엘리사에게 음식을 대접하고 싶어 했어요. 그래서 엘리사는 그곳을 지나갈 때마다 음식을 먹곤 했어요.

그 여인에게는 아들이 없었어요. 하지만 하나님의 사람 엘리사를 정성껏 잘 섬겨서 하나님께서는 그 여인에게 아들을 낳게 해 주셨어요. 사랑스럽고 소중한 아기가 잘 자라 행복한 시간을 보내고 있었어요. 아기가 잘 자라서 이제 걸어 다닐 수 있게 되었을 때에 아이는 아버지와 함께 곡식을 거두는 곳에 나가 있게 되었어요.

일꾼들이 일 년 동안 열심히 농사지은 곡식을 거두는 모습을 바라보던 아이가 갑자기 머리를 잡아 뜯으며 이렇게 소리쳤어요. "아이고, 머리야, 아이고, 머리야…" 머리가 아프다고 소리치는 아이를 하인을

시켜 어머니에게 데려다 주게 했어요. 아이는 계속 머리가 아프다고 하면서 어머니의 무릎에 누워 있다가 점심시간이 지나자 그만 죽고 말았어요. 수넴 여인은 아이를 업어다가 엘리사 선지자가 올 때마다 누워 있던 침대에 눕혔어요. 하나님의 선물이라 여겼던 아들이 죽어서 너무 놀라고 아무 생각도 나지 않았지만 수넴 여인은 침착하게 행동했어요. 하나님을 믿었기 때문에 하나님께서 함께하시는 엘리사 선지자가 도움을 줄 수 있을 것이라고 생각했어요.

수넴 여인은 나귀를 타고 하인 한 명과 함께 급히 엘리사 선지자를 찾아 갔어요. 엘리사 선지자는 수넴 여인에게 아주 슬픈 일이 있다는 것을 알 수 있었지만 어떤 일인지는 알 수 없었어요. 하나님께서 가르쳐 주지 않으셨기 때문이에요. 수넴 여인은 엘리사 선지자의 다리를 꽉 붙잡고 말했어요. 이제 모든 사실을 알게 된 엘리사 선지자는 자기의 종 게하시에게 이렇게 말했어요.

"손에 내 지팡이를 쥐고 가거라. 네가 누구를 만나도 인사하지 말고, 누가 네게 인사하더라도 대답하지 마라." 하지만 수넴 여인은 엘리사 선지자의 다리를 붙잡고 놓아주지 않았어요. 엘리사 선지자가 직접 와 주기를 원했기 때문이에요. 엘리사는 게하시를 먼저 보냈어요. 게하시는 엘리사 선지자가 시키는 대로 했지만 아이는 아무 소리도 내지 않고 듣는 기적도 없었어요.

엘리사 선지자가 집에 들어가 보니, 아이는 죽은 채로 침대에 누워 있었어요. 엘리사 선지자가 방문을 닫고 하나님께 간절히 기도했어요. 엘리사 선지자의 기도로 이 아이는 몸이 따뜻해지더니 재채기를 일곱 번 하고 눈을 떴어요. 하나님께서 아이를 살려 주신 거예요.

보통 사람들 같았으면 하나님을 원망했을지도 몰라요. 하나님께서 주셨으면서 왜 이렇게 힘들게 하냐고 할지도 몰라요. 그래서 사람들은 하나님께 기도하기보다는 슬퍼하고 있을 때가 더 많아요. 또 죽은 사람을 다시 살린다는 것은 옛날에만 있었던 일이라고 생각할 수 있어요. 하지만 이런 놀라운 기적은 마술이 아니에요. 하나님에 대한 믿음에서부터 시작되는 일이에요. 포기하지 않는 믿음과 기도에서부터 기적은 시작되지요.

> 놀라운 기적은 하나님에 대한 믿음과 기도에서부터 시작된답니다~

어떤 아저씨가 공원에 갔다가 동네 아이들의 야구경기를 구경하게 되었어요. 아저씨는 일루 쪽 수비를 보고 있는 아이에게 점수가 어떻게 되느냐고 소리쳐서 물어보았어요. 그 아이가 웃으면서 이렇게 대답했어요. "우리가 14 대 0으로 지고 있어요." 14 대 0이라는 큰 점수 차이로 지고 있는데 웃으면서 대답을 하니, 아저씨는 궁금해서 이렇게 물었어요. "그래? 그런데 넌 그다지 절망적으로 보이지 않는구나." 그러자 아이가 깜짝 놀란 표정을 지으며 말했어요. "절망적이라고요? 왜 우리가 절망적이어야 하죠? 우리는 아직 한 번도 공격을 하지 않았는데요."

어때요? 여러분이 14 대 0으로 지고 있는 팀의 아이였다면 뭐라고 대답했을까요? 이렇게 대답하지 않았을까요? "나 안 해! 포기할 거야. 우리 팀은 지금 너무 불리하다고. 잘하는 친구들은 다 저쪽 팀에 있잖아." 우리 팀이 불리하다고 해서, 내가 좋아하지 않는 친구랑 같은 팀이 되었다는 이유로 하기 싫다고 말하면서 부정적인 언어와 행동을 하

면 그 말대로 일이 이루어져요. 그것은 자기 자신뿐만 아니라 다른 친구들 모두에게도 나쁜 영향을 주어요. 노력해 보지도 못하고, 시작도 못해 보고 그대로 지고 말아요.

부정적인 생각과 포기하려는 마음은 하나님께서 기뻐하시지 않아요. 우리가 어떻게 할 수 없을 때라도 포기하지 않고 하나님께 간절히 기도할 때 놀라운 일이 일어나요. 여러분에게도 이런 믿음이 있나요? 하나님께 기도할 때마다 어떤 마음을 가지고 기도하나요? 기적은 하나님을 믿는 작은 믿음에서부터 시작되고 믿음은 하나님께 기도하는 것에서부터 시작됩니다.

성경에는 포기하지 않고 하나님께 기도해서 기적을 일구어 낸 많은 이야기들이 나와요. 그리고 지금도 하나님의 기적은 일어날 수 있어요. 하나님께서는 여러분을 통하여 놀라운 일들을 하고 싶어 하세요. 하나님께 기도했는데 이루어지지 않은 일이 있었나요? 만약 기도했는데 이루어지지 않은 일이 있다면 하나님을 원망하기 전에 내 마음속에 믿음이 있는지부터 확인해 보세요.

여러분이 요즘 하나님께 기도하고 있는 기도제목은 무엇인가요? 하나님께 기도하고 있나요? 몸이 아픈 친구가 있나요? 마음이 속상한 친구가 있나요? 친구를 전도하고 싶은 친구가 있나요? 부모님이 예수님을 믿지 않아서 교회 나오기 어렵고 속상한 친구가 있나요? 오랫동안 기도했다가 포기했던 기도제목이 있나요? 이제는 그동안 포기했던 일을 다시 시작해 보세요. 새롭게 결심하고 도전해 보세요. 예수님은 지금도 여러분의 이야기를 기다리고 계세요. 여러분의 가장 친한 친구처럼 기다리고 계세요. 예수님은 하나님 나라와 하나님의 의를 위하여 기도하면 이 모든 것을 이루어 주신다고 약속하셨어요. 기적은 믿음에서, 믿음은 기도에서 시작됩니다. 포기하지 않고 기도하는 친구들이 되기를 소망해요.

IV

우리를 사랑하시는
하나님

[파워포인트 설교]

하나님을 아는 지혜가 있는 사람

배울말씀 : 호세아 4:1~6

여러분, 누구를 '안다'는 것이 무엇일까요? 누가 "야, 쟤 누구야?"라고 물어보면 여러분은 이렇게 이야기할 때가 있을 거예요. "응, 그냥 좀 아는 애야." 이때 그냥 좀 안다는 것은 별로 친하지 않다는 뜻이에요. 하지만 저 친구는 이름이 ○○○이고, 어디 살고, 성격이 어떻고, 무엇을 좋아하는지 무엇을 싫어하는지 이야기할 수 있다면 그 친구와는 친한 사이라고 할 수 있지요. 거기에 더해서 그 친구에게 나의 고민을 털어놓을 수도 있고 좋은 일 슬픈 일을 같이 할 수 있다면 정말 서로가 어떤 사람인지를 잘 아는 친구들이라고 할 수 있을 거예요.

그럼 하나님과는 어때요? 하나님께서는 여러분을 만드시고 사랑해 주시는 분이기 때문에 여러분을 누구보다도 잘 아는 분이시지요. 그럼 여러분은 하나님을 알아요? '그냥 좀 아는' 정도인가요? 아니면 정말 하나님께서 어떤 분인지를 아나요?

하나님을 안다는 것이 무엇인지 알아보기 위해서 오늘은 타임머신을 타고 이스라엘이라는 나라에서 시간 여행을 해볼 거예요. 자, 준비되었나요? 5… 4… 3… 2… 1… GO!

지금은 호세아라는 선지자가 살던 때의 이스라엘 시대예요. "아, 지금은 왜 이렇게 살기가 힘든 걸까?" "모두가 거짓말쟁이에 사기꾼에 도둑들이니… 마음을 놓고 살 수가 없군." "집에 들어가도 행복하지가 않아. 남편과 아내는 서로 의심을 하고 서로 배반을 하지." "오늘은 이 동네에서 싸움이 나서 사람들이 많이 죽고, 어제는 저 동네에서

지금은 호세아라는 선지자가 살던 때의 이스라엘 시대예요.

서로 칼을 휘둘렀다지요? 아휴, 끔찍해라." "어서 바알신에게 가서 절을 해야겠어요. 소도, 양도, 돈도 바치면 바알신이 우리를 지켜 줄 거예요. 어서 갑시다."

아니~ 이스라엘 사람들은 원래 하나님의 백성이었는데, 아닌가 봐요. 예전에는 그토록 하나님을 사랑했던 사람들이 모두 바알신에게 가고 있어요. 그러면 왜 이스라엘은 하나님이 아닌 바알신을 섬기는 걸

까요? 우리가 같이 바알신을 섬기는 사람들을 만나서 직접 물어볼까요?

"당신은 왜 하나님이 아닌 바알신을 찾아갑니까?" "그야 우리가 이 땅에서 농사를 시작했기 때문이지요. 농사에는 비가 필요한 법입니다. 비가 오지 않으면 곡식들은 다 말라죽죠. 그런데 비를 주시는 분

이 누구냐? 바로 바알신이라는 겁니다. 바알신이 한 번 힘만 쓰면 비가 좍~좍~ 내린다는 거 아닙니까? 그러니 지금은 바알신이 최고일 수밖에 없지요. 하나님? 이제 하나님은 필요 없어요. 우린 하나님을 잊어버린 지 오랩니다."

호세아 선지자가 살고 있던 이스라엘에는 하나님을 아는 사람이 없었어요. 하나님과의 사이가 너무 멀어졌거든요. 그렇다면 이스라엘이 하나님을 잘 알던 때가 있었을까요? 그럼 또다시 이스라엘로 여행을 떠나 봅시다. 3~ 2~ 1~ GO!

호세아 선지자가 살고 있던 이스라엘에는 하나님을 아는 사람이 없었어요.

그렇다면 이스라엘이 하나님을 잘 알았던 때가 있었을까요?

IV

우리를 사랑하시는 하나님

아하! 요시야 왕의 시대군요. 지나가는 이스라엘 사람들을 만나 인터뷰를 해 보겠습니다.

"지금 이스라엘은 어떻습니까? 살기 좋으십니까?" "아, 좋다마다요. 요즘처럼 좋은 적이 또 없었어요. 그동안 잃어버렸던 하나님의 말씀을 다시 들을 수 있으니까요." "맞아요. 요시야 임금님께서 하나님의 말씀을 우리에게 다시 읽어주셨고 또 그 말씀대로 우상숭배를 하지

못하도록 하셨지요." "그 말씀을 다시 듣는 순간 우리가 얼마나 잘못하고 있었는지 알게 되었어요. 모두 다 같이 가슴을 치며 회개했지요. 그리고 하나님이 주신 법을 따르기로 모두 다 같이 하나님께 맹세를 했어요." "아유~ 이제 하나님께서 우리를 사랑해 주시는 걸 알았으니 우리도 더욱 마음을 다해 하나님을 사랑해야겠어요."

아~ 한 눈에 보기에도 참 행복해보입니다. 그렇다면 과거 행복했던 요시야 왕 시대의 이스라엘과 호세아 선지자 시대의 끔찍한 이스라엘의 차이는 무엇일까요? 돈이 없어서일까요? 아닙니다. 그럼 경찰이나 군인들이 힘이 없어서 사람들을 지켜 주지 못하는 걸까요? 아닙니다.

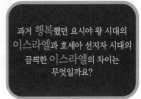
과거 행복했던 요시야 왕 시대의 이스라엘과 호세아 선지자 시대의 끔찍한 이스라엘의 차이는 무엇일까요?

바로 호세아 선지자 시대의 이스라엘 사람들이 하나님을 잊어버렸기 때문이에요. 하나님을 잊어버리고 모르니까 자기들이 필요한 대로 우상인 바알을 만들어 쓸데없이 섬기는 것이지요. 그렇다면 문제

해결도 바로 여기서 출발합니다. 하나님을 아는 것! 이것이 바로 문제를 풀 수 있는 열쇠입니다.

하나님을 알기 위해서 요시야 왕이 그랬던 것처럼 하나님의 말씀을 읽으며 그 안에서 하나님이 어떤 분이신지, 무엇을 옳다고 하시는지, 무엇을 기뻐하시는지를 알아야 해요. 이렇게 하나님의 말씀을 들으면 우리도 잘못들을 모두 깨닫게 되지요. 그 잘못들을 회개하고 깨끗한 마음이 되면 매일매일 하나님을 믿고 더욱 깊이 사랑할 수 있어요.

사랑하는 사람이 생기면 그 사람에 대해서 더욱 많은 것을 알고 싶어져요. 그리고 다른 사람이

아닌 그 사람에게만 내 마음을 전부 주고 싶어요. 마찬가지로 하나님을 사랑하게 되면 하나님을 더욱 알고 싶어지지요. 하나님 한 분께만 내 마음을 전부 드리고 싶어져요. 하나님께서 기뻐하시니까요. 자! 이제 타임머신을 타고 지금 우리가 사는 곳으로 되돌아갑시다. 5… 4… 3… 2… 1… GO!

지금 어린이 여러분은 하나님을 사랑하나요? 하나님에 대해서 관심이 있나요? 하나님을 사랑하는 어린이는 하나님을 더욱 많이 알게 될 거예요.

하나님께 나의 관심을 집중하면 하나님께서는 어떤 분인지, 하나님께서 기뻐하시는 일과 싫어하시는 일이 무엇인지 알게 될 거예요. 어린이들이 하나님을 안다면 오직 하나님만 더욱 사랑하고 따라갈 거예요. 그러나 불행하게도 아직 하나님을 알지 못한다면 그 반대의 길로 갈 수도 있어요. 지금 이러한 두 가지 길 앞에 서 있다면 어린이 여러분은 어느 길로 가기 위해 노력하겠습니까?

우리 어린이들 모두 하나님을 깊이 사랑하며 하나님을 알아가기 위해 힘쓰는 어린이들이 되기를 바랍니다.

오직 하나님께만 영광!

배울말씀 : 이사야 44:6~8

여러분, 태양계에 대해 알아요? 태양계는 태양을 둘러싸고 돌고 있는 행성들을 말해요. 한번 외워 볼까요? 수성 금성 지구 화성 목성 토성 천왕성 해왕성 명왕성. 지금 외운 것이 맞아요? 정말?

삐~ 아니에요. 2006년 8월 25일 아침 뉴스에서 놀라운 소식을 하나 전해주었어요. 그건 바로 명왕성이 더 이상 태양계에 속한 행성이 아니라고 결정했다는 소식이었어요.(2006년 8월 25일 뉴스 동영상을 참조한다.)

명왕성은 1930년에 발견되어 76년 동안 태양계에 속하는 행성이었어요. 하지만 명왕성은 태양을 중심에 두고 '둥글게' 돌지 못하고, '타원형'으로 돌아간대요. 그리고 해왕성이 태양 주위로 도는 길과 겹치는 부분이 있다고 해서 이제는 태양계 행성이라고 할 수 없다고 했대요. 그러니 이제 학교에서 배우는 과학 교과서를 모두 다시 만들어야 해요. 또 과학 책들의 내용을 다 고쳐야 하지요. 사람들은 이렇게 할 수 없을 것 같은 일들도 하곤 해요. 하지만 우리가 기억해야 할 것이 있어요. 사람들이 명왕성을 태양계 행성이 아니라고 할 수는 있지만, 명왕성을 만들어 낼 수는 없다는 사실을요.

한 가지 얘기를 더 해 줄게요. 그림을 아주 사실처럼 그리는 걸로 유명한 화가들이 있어요. ('극사실주의'의 작품을 인터넷에서 내려 받아 보여 준다.) 그 사람들의 그림을 벽에 걸어 놓으면 사람들은 그 그림을 보고 앞으로 다가와 만져보려고 한대요. 진짜 같아서요.

선생님도 한 번 TV로 봤는데 그림 속 호박잎이 진짜 호박잎 같은 거 있죠? 이렇게 화가들이 진짜 같은 호박잎을 그릴 수는 있지만 진짜 호박잎을 만들어 낼 수 있을까요? 그래요, 만들 수 없지요.

사람들은 생명이 있는 것들을 진짜처럼 만들 수는 있어요. 하지만 진짜 생명을 만들어 낼 수는 없어요. 생명을 만들어 내는 분은 오직 한 분이에요. 누구지요? 네? 누구라고요? 맞아요. 하나님이에요. 오직 하

사람들은 생명이 있는 것들을 진짜처럼 만들 수는 있지만, 진짜 생명을 만들어 낼 수는 없어요.

생명을 만들어 내는 분은 오직 한 분이에요. 누구지요?

정답 : 하나님

나님만이 호박잎도, 명왕성도 만드시는 분이에요. 오직 하나님만이 온 세계와 우주 만물과 우리를 만드시고 다스리시는 유일하신 신이에요.

하지만 사람들은 참으로 교만해졌어요. 교만이란 자기가 스스로 무엇이든지 할 수 있다고 생각하는 거예요. 교만해진 사람들은 신을 만들어 내기 시작했지요. (사람들이 금속을 녹여 만들거나 돌이나 나무를 깎아 만든 여러 신들의 모양을 사진으로 보여 준다.) 팔이 많이 달린 신, 동물의 모양을 한 신, 눈이 왕방울만한 신, 울긋불긋한 옷을 입은 신 등 그 종류도 얼마나 많은지 몰라요.

하지만 사람들은 교만해져서 신을 만들어 내기 시작했어요.

이 사람들은 철이나 동을 녹여 틀에 부어 우상을 만들어요(사 44:12~17). 그런데 그 철이나 동을 다른 틀에 부으면 칼도 만들 수 있고 파이프도 만들 수 있어요. 좀 이상하지요? 똑같은 것으로 절하며 섬기는 신도 만들고 마구 쓰는 물건도 만들다니 말이에요.

철이나 동을 다른 틀에 부으면 파이프도 만들 수 있어요.

또 사람들은 나무를 베어서 다듬고 금을 입혀서 아름다운 우상을 만들어요. 그러고는 "나의 신이시여, 나를 구원해 주세요."라고 그것에 기도를 하지요. 하지만 그 사람들이 춥거나 배고프면 나무를 쪼개서 불을 피워 밥도 해 먹고 또 몸을 따뜻하게 하면서 "아! 따뜻하구나."라고 말하기도 해요. 똑같은 나무가 어떤 건 신이 되고 어떤 건 땔

똑같은 나무가 어떤 건 신이 되고 어떤 건 땔감이 되기도 해요.

감이 되기도 하는 거지요. 그런 것을 우리의 하나님이라고 할 수 있을까요?

사람들이 손으로 만든 우상들은 사람이 아니면 자리를 옮길 수도 없고 더욱이 말은 한 마디도 할 수 없어요. 그런데도 사람들은 아무 것도 아닌 것에 절을 하고 기도를 하며 복을 받게 해 달라고 빌어요. 이런 행동은 정말 너무 어리석은 짓이에요.

하나님은 오늘 이사야 44장을 통해 우리에게 묻고 계세요. '과연 누가 나처럼 이야기할 수 있느냐? 나를 누구와도 비교할 수 있겠느

이사야 44장

과연 누가 나처럼 이야기할 수 있느냐?
나를 누구와도 비교할 수 있겠느냐?
만일 있다면 그들에게 말해 보라고 하여라.
나 밖에 다른 신이 또 있느냐?

냐? 만일 있다면 그들에게 말해 보라고 하여라. 나 밖에 다른 신이 또 있느냐?' 이렇게 위엄 있게 물으시는 하나님의 물음에 우리는 무엇이라고 대답하겠어요? "글쎄요, 저기 인터넷으로 검색 좀 해 보고요."라고 말하겠어요? 아니면 "그 신을 믿어보기 전엔 대답할 수 없습니다."라고 말하겠어요?

하나님의 자녀 된 사람들답게 우리는 이렇게 대답해야 할 거예요. "하나님 밖에 다른 신은 없습니다. 오직 하나님만이 우리를 만드시고 도우시며 힘 주시는 분입니다. 하나님께만 영광을 돌립니다." 맞아요. 이렇게 대답할 때 하나님께서는 우리를 칭찬해 주실 거예요.

이렇게 하나님만이 영광 받으실 오직 한 분이라는 사실을 안 친구들에게 하나님은 말씀하세요. 너희가 이것을 증언할 하나님의 증인이라고요. 증인은 자기가 직접 겪은 일을 다른 사람들에게 말하는 사람이에요. 하나님께서는 온 세상을 만드신 분이지만 우리를 하나님의 증인으로 부르셨어요. 우리는 여러 가지 역할을 하지요. 이름표를 한 번 붙여 볼까요?

(상황에 맞는 이름표를 크게 만들어서 보여 주며 진행한다.) 집에 가면? 부모님의 아들, 딸이지요. 할아버지 할머니 댁에 가면? 손자, 손녀예요. 그럼 학교에서는? 학생이에요. 또 친구들에게는? 좋은 친구예요. 우리는 이렇게 여러 가지 이름표들을 가지고 있어요. 그런데 그것들 말고도 우리에게는 더욱 빛나고 영광스러운 이름표가 있어요. 바로 '하나님의 증인'이라는 이름표예요. 하나님께서는 어떤 일이든 다 하실 수 있는 전능하신 분이지만 우리에게 하나님의 큰일을 부탁하셨어요. 바로 하나님이 어떤 분인지 알리는 일이에요.

여러분, 자랑스럽지 않아요? 하나님께서 우리를 '하나님의 증인'이라고 불러주시다니요. 하나님의 증인은 어디서나 누구에게나 우리가 믿어야 하는 분이 하나님 한 분이라고 말할 수 있어요. 하나님의 증인은 우리를 보호해 주시고 우리를 인도해 주시는 분이 오직 하나님이심을 말할 수 있어요. 하지만 하나님의 증인이 되려면 용기가 필요해요. 입을 열어 말할 수 있는 용기 말이에요. 그러나 걱정할 필요는 없어요. 하나님께서는 오늘도 우리에게 "너희는 떨지 말아라. 겁내지 말아라."라고 하시면서 용기를 주시는 분이거든요. 우리 친구들도 다함께 용기를 내어서 큰 소리로 외쳐 보아요. "하나님밖에 / 다른 신은 / 없습니다. / 오직 하나님께만 / 오직 하나님께만 / 영광을 돌립니다. / 아멘."

03 [파워포인트 설교]

하나님을 만나요

배울말씀 : 이사야 6:1~8

여러분은 하나님의 모습을 상상해 본 적이 있나요? 하나님을 만나면 어떨 것 같아요? 구약 성경에는 하나님을 만났던 사람들의 이야기가 실려 있어요. 그 중 출애굽기에는 모세가 하나님을 만났던 장면이 나와요. (애니메이션 '이집트 왕자'에서 모세가 불타는 떨기나무 앞에서 하나님을 만나던 장면을 2분 정도 보여 준다.) 모세가 처음 불타는 떨기나

여러분은 하나님의 모습을 상상해 본 적이 있나요?

무에서 하나님의 음성을 들었을 때 어땠어요? 굉장히 두려워하고 떨었지요? 하나님을 만나면 누구라도 그럴 거예요. 자기 안에 있는 죄 때문에 거룩하시고 영광스러운 하나님 앞에서는 자기도 모르게 떨게 되는 거예요. 하나님께서는 죄를 가장 미워하시기 때문이지요.

이사야 선지자도 하나님을 직접 만났던 사람이에요. 이제 그 이야기를 들려줄 텐데 여러분도 눈을 감고 함께 하나님이 계신 곳의 거룩하고 영광스러운 모습을 상상해 보세요.

어느 날 이사야는 하나님께서 아주 높은 보좌 위에 앉아 계신 것을 보았어요. 보좌에 앉아 계신 하나님은 얼마나 크신지 얼굴을 볼 수도 없지요. (어린이들이 눈을 감고 상상할 수 있게 신비스러운 음향을 준비해서 분위기를 유도한다. 지금 일어나는 일처럼 상상하기 위해 현재 시제를 사용했다.) 눈에 보이는 것은 보좌에서부터 그 아래로 성소를 가득 채

어느 날 이사야는 하나님께서 아주 높은 보좌 위에 앉아 계신 것을 보았어요.

우며 넓게 펼쳐져 있는 하나님의 옷자락뿐이에요. 구불구불 주름이 잡힌 채로 물결처럼 퍼져 있는 옷자락은 마치 아침 햇살을 받으며 흐르는 강물처럼 빛으로 가득해요. 하나님께서 숨을 내쉬실 때마다 부드러운 옷자락은 바람에 일렁이는 강물처럼 너울거리지요. 주위를 보니 수많은 스랍들이 하나님을 모시고 있었어요. 스랍은 불꽃으로 둘러싸인 천사예요. 스랍들이 큰 날개를 치며 움직일 때마다 불의 꼬리 같은 불그림자를 길게 드리워요. 그렇지만 스랍의 얼굴은 보이지 않아요. 스랍의 두 날개에 가려져 있거든요. 스랍은 날개가 여섯 개나 있어요. 두 날개로는 거룩하신

IV

우리를 사랑하시는 하나님

하나님의 얼굴을 보지 않기 위해 얼굴을 가리고 있고요, 두 날개로는 그들의 아래 부분을 가리고 있어요. 그리고 나머지 두 날개로 훨훨 쉬지 않고 날아 다녀요. 불꽃으로 둘러싸인 스랍들은 서로 큰소리를 주고받으며 하나님을 찬양해요. "거룩하시다. 거룩하시다. 거룩하시다. 만군의 주님. 온 땅에 그의 영광이 가득하시다." (마이크 소리가 울리도록 음향을 조정한다. 메아리도 마찬가지로 한다.)

그 큰 찬양소리에 모든 공중의 공기들이 떨며 메아리를 내지요. "거룩하시다. 거룩하시다. 거룩하시다. 만군의 주님. 온 땅에 그의 영광이 가득하시다." 천둥과 같은 소리가 진동하며 성소의 바다와 천장과 문의 기둥들을 뒤흔들어요. 그리고 성소는 거룩한 연기로 자욱하지요.

여러분이 이런 곳에 서 있다면 어떨 것 같나요? 신기할까요? 재미있을까요? 아니에요. 너무너무 엄청난 광경 앞에서는 좀 다를 거예요.

이런 광경을 보고 있었던 이사야는 너무나 두려워서 온몸이 떨렸어요. 심장은 터질 것처럼 두근거리고 손바닥에는 땀이 났지요. 무릎이 떨려 더 이상 서 있을 수가 없어서 바닥에 엎드려졌어요. "큰일이다. 나는 말할 수 없구나. 나는 죄를 지어 입술이 부정하니 하나님을 찬양할 자격이 없는 사람이다. 내가 하나님을 뵈었으니 나는 이제 죽겠구나."

이사야는 자신의 죄를 생각하며 부들부들 떨며 입술을 굳게 다물고 있었어요. 감히 하나님을 찬양할 수가 없었기 때문이에요. 그러면서 자신이 죄인임을 끊임없이 고백했어요. 그때였어요. 날아다니던 스랍 중 하나가 불집게를 잡았어요. 그러더니 연기가 피어오르는 제단에서 벌겋게 타오르는 숯을 하나 집어내어 이사야를 향해 다가갔어요. 이사야는 너무 놀라 꼼짝도 할 수 없었어요. 스랍은 천천히 숯불을 이사야의 입술에 대었어요.

몹시 뜨거울 것 같은 숯불이었지만 입술이 데이지는 않았어요. 스랍이 말했어요. "이것이 너의 입술에 닿았으니, 너의 악은 사라지고, 너의 죄는 사해졌다." 이사야는 감격했어요. "아! 하나님께서 나의 모든 죄를 용서해 주시다니… 이런 죄인이 죽지 않도록 거룩하신 하나님께서 보살펴주셨구나. 이제 나는 살았다. 거룩하신 하나님이 나를 용서해 주셨다." 이사야는 모든 죄를 용서받은 감격에 온 몸이 떨렸어요. 그때까지는 자기의 죄 때문에 하나님을 두려워했는데 이제는 그 죄가 모두 사라진 거예요. 이제 용기 백배, 자신감 백배가 되어 하나님을 위해서라면 무엇이든 할 수 있을 것 같았어요.

그때 소리가 들렸어요. "내가 누구를 보낼까? 누가 나를 위하여 갈

것인가?" 하나님께서는 이사야에게 묻고 계셨어요. 이사야는 하나님의 마음을 알 것 같았어요. 사람들이 잘못했음을 깨닫게 해 주시려는 하나님의 안타까운 마음을, 사람들을 죽음에서 구원하시려는 하나님의 사랑의 마음을 알 수 있었던 거예요. 그래서 이사야를 부르시고 그 일을 맡기려고 하신다는 것도요.

이사야는 하나님의 부르심에 즉시 큰 소리로 대답했어요. "하나님, 제가 여기에 있습니다. 저를 보내어 주십시오." 이사야의 눈에서는 눈물이 흘렀어요.

이렇게 이사야는 하나님을 만나서 죄를 용서받고 부르심을 따라 그의 한 평생을 하나님을 위해 살았어요. 사람들은 자신들의 잘못을 이야기하는 이사야를 미워하고 감옥에 집어넣었지만 어떤 상황에서도, 어떤 어려움이 있어도 이사야는 물러서지 않고 하나님의 말씀을 전했어요.

이사야가 많은 어려움 속에서도 하나님의 말씀을 전할 수 있었던 힘은 어디에 있었을까요? 그 힘은 바로 그가 하나님을 만나 모든 죄를 용서받고 하나님의 부르심을 받았기 때문이에요. 아마 이사야는 힘들

때마다 하나님의 보좌 앞에 서 있었던 그때를 떠올렸을 거예요. "누구를 보낼까."라는 하나님의 음성을 기억하며 힘을 냈을 거예요. 하나님께서 부탁하신 일이기에 힘들어도 할 수 있었어요.

하나님을 만나면 누구라도 변할 수 있어요. 하지만 하나님께서 여러분을 언제 어떻게 만나 주실지는 아무도 몰라요. 오직 하나님만이 아시는 일이지요. 이사야처럼 굉장한 광경 속에서 만나 주실지도 모르고, 혹은 미세한 바람 속에서 만나 주실지도 몰라요. 하지만 하나님을 만나려는 소원이 있다면 하나님께서는 꼭 만나주실 거예요.

하나님을 만나 모든 잘못한 것을 용서받으면 우리도 깨끗한 마음으로 하나님께서 원하시는 것이 무엇인지 알 수 있게 돼요.

이렇게 하나님의 일꾼이 되어 우리의 시간을 하나님을 위해 사용한다면 하나님께서는 틀림없이 우리가 하나님께서 기뻐하시는 일을 할 수 있도록 힘과 용기를 주실 거예요. 여러분이 이사야 선지자처럼 하나님을 만나 깨끗한 마음으로 변화되길 원해요. 그리고 하나님께서 주신 힘으로 하나님을 위한 멋진 삶을 사는 친구들이 되기를 바랍니다.

04

[파워포인트 설교]

나는 하나님의 파트너

배울말씀 : 에스겔 3:4~11

'쿵쾅쿵쾅' 가슴 속에서 상현이의 심장이 마구 뛰어요. 왜냐고요? 상현이가 드디어 오늘 처음으로 전도를 해 보려고 하거든요. 며칠 전부터 친구들에게 교회에 같이 가자고 이야기하려고 했는데 드디어 좋은 기회가 온 것 같아요.

"호준아, 저기 말이야…." "왜?" "응, 그게 말이야." "왜? 무슨 얘기인데?" "저기, 너 이번 주 일요일에 나랑 같이 교회 안 갈래? 우리 교회 친구 초청의 날이거든." "난 또 무슨 얘기라고. 안 돼, 나 그날 약속 있어." 호준이는 듣는 둥 마는 둥 하더니 밖으로 뛰어나갔어요.

상현이는 땀이 난 손바닥을 바지에 문지르며 다시 지수한테 갔어요. "지수야, 할 말이 있는데…." "뭔데?" "응, 그러니까 이번 주 일요일이 우리 교회에서 친구를 초청하는 날이거든. 그래서 너랑 같이 가

고 싶어서…." "싫어, 저번에도 다른 친구랑 한 번 갔는데 재미없었어." 지수도 얼굴을 돌리고 가 버렸어요.

상현이는 속상했지요. 얼굴도 빨개지고 풀이 팍 죽어서 다리에 힘도 빠졌어요. "내 말을 잘 들어보지 않고 그냥 가잖아? 휴~ 전도하기 되게 힘드네. 그런데 우리 엄마는 이렇게 어려운 전도를 어떻게 매일같이 하시지?"

상현이 엄마는 교회 전도대에서 매일 2시간씩 집사님이나 권사님이랑 같이 전도를 하시는 분이에요. 상현이는 전도에 대해 엄마에게 물어보기로 했지요. "엄마, 오늘 내가 친구들을 전도하려고 했는데 한 명도 같이 교회 가겠다고 한 친구가 없어서 너무 속상했어요. 엄마도 전도하면서 속상했던 적이 있었어요?"

엄마가 말씀하셨지요. "그럼, 사실 전도를 하려고 하면 많은 사람들은 잘 듣지 않으려고 한단다. 들어보지도 않고 손부터 내두르는 사람도 많아. 우리를 대문에서 쫓아버려서 정말 무안할 때도 있지. 하지

만 하나님께서는 전도하는 사람들에게 늘 새로운 힘을 주신단다. 전도할 때 엄마 마음은 아주 강해지지. 그리고 엄마는 누군가가 엄마가 전한 복음을 듣고 구원 받을 거라는 소망이 있단다. 그래서 엄마는 힘들지만 기쁜 마음으로 전도를 할 수 있는 거야."

"와~ 나는 너무너무 떨리던데…." 상현이가 말했어요. "상현아, 가서 성경책 좀 가져와 볼래? 엄마가 성경 이야기 들려줄게." 엄마는 상현이가 가져온 성경책에서 에스겔서 3장을 펼치셨어요.

"자, 여기를 한번 읽어 봐." "그러나 이스라엘 족속은 너의 말을 들으려고 하지 않을 것이다. 온 이스라엘 족속은 고집 센 자들이어서, 나의 말을 들을 생각이 없기 때문이다. 내가 네 얼굴도 그들의 얼굴과 맞먹도록 억세게 만들었고, 내가 네 이마를 바윗돌보다 더 굳게 하여 금강석처럼 만들어 놓았다. 너는 그들을 두려워하지 말고, 그들의 얼굴 앞에서 떨지도 말아라." (어린이들과 다 함께 읽는다.)

엄마는 이 성경 구절을 읽고 하나님께서 하나님의 말씀을 전하시기 위해 에스겔을 만나 주시고 강하게 만들어 주셨다고 설명해 주셨어요. "'에스겔'이라는 이름도 '하나님께서 강하게 하신다'라는 뜻이야. 마음 약했던 에스겔이 하나님을 만나 강해진 것처럼 엄마도 하나님을 만나고 나서는 강해질 수 있었어. 그래서 사람들이 내 말을 듣든지 안 듣든지 하나님의 말씀을 전할 수 있는 거란다. 우리 상현이도 에스겔 선지자처럼 더욱 강하고 용기 있는 마음을 가지게 해 달라고 하나님께 기도드리렴. 그러면 우리 상현이도 전도 대장이 될 수 있을 거야."

여러분은 상현이 같은 경험을 해본 적이 있나요? 전도하려고 하는데 무척 떨리고 힘들었던 적이 있었을 거예요. 하나님께서도 하나님의 말씀을 전하려는 사람들의 마음이 무척 약하다는 것을 알고 계셨어요. 우리를 지으신 분이 우리를 제일 잘 아시지 않겠어요? 하나님께서는 에스겔이 약한 사람인 것도 아셨어요. 하나님께서는 에스겔을 부르실 때마다 '인자야'라고 부르셨지요. '인자'(히브리 말로 '벤 아담')의 뜻은 '사람의 아들'인데 하나님께서는 93번이나 에스겔을 '인자'라고 부르셨어요. 영원하시고 전능하신 하나님에 비해서 사람들은 매우 약하다는 뜻이지요. 하지만 하나님께서는 이렇게 약한 사람들을 하나님의 파트너로 삼아 주시고 하나님의 말씀을 전하는 어려운 일을 맡겨 주셨어요. 그리고 그 일을 할 수 있게 우리를 금강석(겔 3:9)으로 만들어 주셨지요.

여러분, 보석 중에 제일 빛나는 보석이 무엇이지요? 그래요, 다이아몬드예요. 그 다이아몬드가 바로 금강석이에요. 다이아몬드는 어떤 물질보다도 더 단단하고 굳은 성질을 가지고 있대요. 이런 금강석도 그 쓰임새가 여러 가지래요. 사람들이 고이 모셔두고 자랑만 하는 다이아몬드가 있는가 하면 모든 보석보다 더 단단하고 굳은 성질을 이용해서 모든 보석을 깎고 다듬는 다이아몬드가 있어요. 바로 하나님께서는 최고로 단단한 다이아몬드처럼 우리를 변화시키셔서 하나님의 말씀을 듣기 싫어하는 사람들의 굳은 마음을 깨뜨리시기를 원하세요.

에스겔도 하나님을 만나서 누구를 만나도 두려워 떨지 말고 하나님의 말씀을 전하라는 명령을 받고 나서 용감해졌어요. 그래서 이스라엘 백성이 에스겔의 말을 듣지 않고 비웃을 때에도, 하나님의 말씀을 듣지 않고 귀를 막을 때에도 에스겔은 용기 있게 말씀을 전하며 높은 성 꼭대기에서 망을 보는 파수꾼(겔 3:17)처럼 이스라엘 사람들을 지키려고 했어요.

파수꾼은 성 밖의 위험을 살펴보는 사람이에요. 그리고 위험이 닥쳐왔을 때 가정 먼저 전하는 사람이에요. 만일 파수꾼이 드르렁 드르렁 코를 골며 잠에 빠진다면 성 안의 사람들을 지켜줄 수 없어요. 에스겔은 하나님의 성실한 파수꾼이었어요. "죄악을 지어서 위험하니 하나님의 말씀을 듣고 그 악한 일들을 버리고 하나님께로 돌아오라." 이렇게 말씀을 외치는 하나님의 믿음직한 파트너였어요.

하나님께서는 오늘도 하나님의 파트너를 찾고 계세요. 하나님 말씀에 귀 기울이고 하나님의 부르심에 순종하는 어린이를 찾고 계세요. 친구들과 주위에 있는 사람들에게 용기 있게 하나님의 말씀을 전할 믿음직하고 한결같은 파트너 말이에요. 우리는 약하지만 하나님의 파트너가 된다면 하나님께서 우리를 강하게 만들어 주세요. 언제 어디서든지 하나님의 말씀을 전하는 작은 '에스겔' 들이 되어서 사람들의 마음과 생명을 지키는 하나님의 파수꾼이 될 수 있어요.

믿음으로 감사해요

배울말씀 : 하박국 3:17~18

하나님을 아주 사랑하는 청년이 있었어요. 그는 하나님을 위해서 무슨 일이든지 하겠다고 결심했지요. "하나님, 제가 어떤 일을 하면 하나님께서 기뻐하실까요?" 청년은 오랫동안 기도했어요. 기도하던 중에

아프리카로 가서 하나님을 모르는 사람들에게 복음을 전해야겠다는 결심을 했지요. 하지만 모든 사람이 이 청년을 말렸어요. 그때는 아직 아프리카에 식인종이 있었거든요. 하지만 청년의 굳은 결심을 꺾을 수는 없었어요.

드디어 며칠만 있으면 아프리카로 가게 되었지요. 그런데 청년이 필요한 물건들을 사서 집으로 돌아오던 중이었어요. "끽~ 끼이이익~ 쾅!" "아악!" 청년이 눈을 떠 보니 병원 침대에 누워 있는 것이 아니겠어요? 게다가 한쪽 다리는 이미 잘려져 있었지요. "참으로 유감입니다. 당신은 교통사고를 당했고 미처 손 쓸 새도 없이 한쪽 다리를 절단해야만 했습니다."

"네? 이제 며칠만 있으면 저는 아프리카로 떠나야 하는데요? 하나님, 어떻게 이런 일이 일어날 수 있죠? 어떻게 이런 일이 나에게 일어날 수 있나요?" 청년은 없어진 자기의 한쪽 다리를 더듬으며 한없이 울었어요.

아프리카로 가서 하나님의 복음을 전하겠다는 아름다운 꿈이 산산이 부서졌다고 생각했어요. 하나님이 왜 나에게 이런 일을 겪게 하셨는지 너무나 원망스러웠지요. 며칠을 절망 속에서 보내던 청년은 문득 하나님의 마음을 알고 싶었어요. "하나님! 이런 고통을 겪게 하신 하나님의 뜻이 무엇입니까? 제가 무엇을 잘못했나요?" "아들아, 내가 너를 사랑한단다. 나를 믿는 사람은 믿음으로 사는 거란다." "믿음으로 사는 거라고요?"

청년은 곰곰이 생각해 보았어요. 사고가 나기 전까지 자기를 사랑해 주셨던 하나님을 생각해 보았지요. 하나님을 처음 믿고 기뻐하던 때도 생각이 났어요. 그때마다 청년은 하나님께 감사를 했었어요. 그런데 지금은 사고를 당했다고 하나님께 화를 내고 하나님을 몹시 원망하고 있었던 거예요. 청년은 아직 많이 속상했지만 이제 하나님을 그만 원망하기로 결심했어요. "하나님, 왜 이런 사고가 지금 내게 일어났는지는 잘 모르겠습니다. 그러나 이제까지 저를 인도해 주셨던 것처럼 앞으로도 저를 인도해 주실 것을 믿습니다. 이제 하나님께서 저의 없어진 한쪽 다리가 되어 주셔서 늘 저와 함께 어디든지 가 주세요. 하나님, 저의 한쪽 다리가 되어 주셔서 감사합니다."

힘들고 어렵지만 울면서 하나님께 감사를 드린 청년은 고무다리로 한쪽 다리를 만들어서 걷는 연습을 했어요. 그런데 감사하는 마음을 가지고 한 가지의 어려움을 이길 수 있게 되자 이제는 어떤 어려움도 모두 극복할 수 있는 용기가 생겼어요.

청년은 용기를 가지고 원래 가려고 했던 아프리카로 다시 갔어요. 아프리카에서 좋은 선교사로 복음을 전하고 있을 때였어

요. 어느 날 밤늦게 집에 돌아가던 중에 말로만 듣던 식인종을 만나고 말았어요. 식인종들은 선교사를 빙 둘러싸고 불을 피우고 축제를 벌였어요. 식인종들이 칼과 창을 겨누는 순간 선교사는 자기의 고무다리를 떼어서 던져 주었지요. 식인종들은 생전 처음 보는 그 이상한 고기를 불에 구워서 먹으려고 했다가 질겁했어요. 그것은 뜨겁게 녹아서 이빨에도 달라붙었고 맛도 이상하고 냄새도 고약했어요. 식혀서 먹으려고 하자 너무 질겨서 씹을 수도 없었고요.

"이 사람은… 사람이 아니라 살아 있는 신이다." 정신이 나간 식인종들은 모두 선교사 앞에 납작 엎드려서 용서를 빌었어요. "아니에요. 내가 아니라 하나님께서 살아 계신 신입니다." 선교사는 그들을 모두 일으키고 하나님의 복음을 전했지요. 곧 그 부족 전체가 하나님을 믿게 되었어요.

선교사는 돌아오는 길에 하염없이 울면서 감사의 기도를 했답니다. "하나님, 하나님이 이 부족을 구원받게 하시려고 제가 사고를 당하게 하셨군요. 제 고무다리가 아니었으면 저는 지금쯤 죽었을 것이고 저 부족도 계속 식인종으로 남아 있었을 텐데…. 하나님, 하나님은 참 놀라운 분이십니다. 저를 돌보아 주시고 제 삶을 이끌어주셔서 감사합니다. 감사합니다. 하나님!"

우리가 하루하루 살다 보면 즐거울 때도 있고 힘들고 괴로울 때도 있어요. 오늘 말씀 속의 하박국 선지자도 마찬가지였어요. 하박국이 계속해서 하나님께 기도했지만 착한 사람들이 악한 사람들에게 고통을 받았어요. 또 이웃나라 바벨론이 쳐들어와서 많은 이스라엘 사람들이 고통 받고 있던 시대였거든요. 그런데 놀랍게도 하박국은 감사의 찬양을 부르고 있었어요. "무화과 나뭇잎이 마르고 포도 열매가 없으며 감람나무 열매 그치고 논밭에 식물이 없어도 우리에 양떼가 없으며 외양간 송아지 없어도 난 여호와로 즐거워하리. 난 여호와로 즐거워하리. 난 구원의 하나님을 인해 기뻐하리라."

어떻게 이렇게 감사의 찬양을 드릴 수가 있었을까요? 여러분이 만약 집에 먹을 것이 하나도 없고 학교에 입고 갈 옷도 없고 친구들이 다 가지고 있는 물건도 없고 돈도 하나도 없을 때 하나님께 감사할 수 있을까요? 그래요. 감사하기가 너무너무 힘들겠지요? 사실은 하박국 선지자도 마찬가

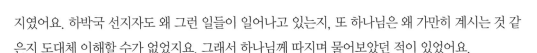

지였어요. 하박국 선지자도 왜 그런 일들이 일어나고 있는지, 또 하나님은 왜 가만히 계시는 것 같은지 도대체 이해할 수가 없었지요. 그래서 하나님께 따지며 물어보았던 적이 있었어요.

선지자인 하박국도 그때에는 감사하기가 힘들었던 거예요. 하지만 하박국 선지자가 다시 감사할 수 있었던 건 힘들고 어려워도 잊어버리지 않았던 한 가지가 있었기 때문이에요. 바로 '믿음'이에요. 모든 것을 다 알고 계시는 하나님께서 지금은 힘들고 고통스러워도 나를 이끌어 주실 거라는 믿음 말이에요. 오늘은 울지만 내일은 활짝 웃을 수 있게 나를 인도해 주실 거라는 믿음을 잃지 않으면 힘들고 어려워도 하나님을 사랑하고 섬길 수 있어요.

기쁘고 즐거울 때 감사하는 건 누구나 할 수 있는 일이에요. 하지만 힘들고 어려울 때 감사하는 것은 연습이 필요한 일이지요. 불평이 나오려고 할 때 꾹 참고 "그래도 감사할 수 있어요."라고 말하는 연습을 해 보세요. 그러면 그래도 감사할 수 있는 일들이 생각날 거예요. 이렇게 연습하고 노력하다 보면 아무리 힘든 일이 생겨도 감사의 기도를 하나님께 드릴 수 있지요. 하나님께서 우리친구들의 감사 기도를 들으시면 얼마나 기뻐하실까요? 여러분, 모두 '믿음'을 잃지 않고 언제 어디서나 감사하는 멋진 어린이들이 되세요.

하나님의 노란 손수건

배울말씀 : 예레미야 31:31~34

"부릉 부릉 부릉~" 버스가 덜컹거리며 가고 있었어요. 사람들이 왁
자지껄 떠들며 즐겁게 노래를 불렀어요. 차 안에는 즐거움과 기쁨이
넘쳤지요. 하지만 한쪽 구석에 혼자 앉아 있는 어떤 남자는 얼굴이 딱
딱하게 굳은 채로 한 마디도 안 하고 창밖만 쳐다보고 있었어요.

아까부터 그 남자를 살펴보던 호기심 많은 아가씨가 그 사람에게
물어보았어요. "아저씨, 아저씨는 누구세요?" 창밖을 보고 있던 남자
는 고개도 돌리지 않고 대답도 하지 않았어요. 여전히 창밖만 바라보
고 있었지요. 아가씨는 다시 한 번 물어보았지요. "우리는 지금 캠프
를 가는 중이에요. 아저씨는 어디로 가세요?" 남자는 그제야 한숨을
푹 쉬며 이야기를 시작했어요. "나는 오늘 감옥에서 나왔소." 감옥에
서 나왔다는 소리에 갑자기 차 안이 조용해졌어요. "휴~ 사실 내가 처
음부터 나쁜 사람은 아니었지. 나름대로 착하게 살아보려고 했는데
그만 그렇게 됐다오. 재판을 받는데 내가
그동안 했던 착한 일은 하나도 말해 주는
사람이 없었소. 모두들 내가 잘못한 일만
이야기하더군요. 그렇게 한 번 두 번 나쁜
짓을 하다 보니 점점 더 나쁜 짓을 하기가

쉬워졌소. 결국 20년형을 받고 어제 감옥에서 나올 수 있었다오. 감옥에 있는 동안 나와 연락을
했던 사람은 딱 한 사람이었는데 바로 내 어머니였소. 20년을 감옥에 있었던 이 아들 때문에 속이
숯검정이 되셨을 거요. 그런 어머니를 다시 볼 자신이 없었지…. 감옥에서 나갈 날이 가까워지자

나는 어머니께 편지를 썼다오. '이 죄 많은 아들은 어머니의 아들이
될 자격도 없습니다. 그리고 어머니에게 감히 용서해 달라는 이야기
도 못하겠습니다.' 라고 말이요. 하지만 그러면서도 몇 월 며칠 몇 시
에 어머니 집 앞을 지나는 버스를 타고 갈 테니 이 못난 아들을 조금이
라도 용서하신다면, 집 앞 커다란 나무에 노란 손수건을 한 장 매달아
달라고 썼소. 이제 세 정거장만 가면 바로 우리 집 앞이라오. 만일…
노란 손수건이 달려 있지 않다면 나는 차에서 내리지 않고 어디론가
계속 가야 하겠지요."

이제 차 안에는 조용한 침묵만이 흐르고 있었어요. 누구도 떠들거
나 노래 부르지 않았지요. 모두 다 가슴을 조이며 빨리 세 정거장이 지
나가기를 기다렸어요. '노란 손수건 한 장이 나무에 달렸을까? 아님
달리지 않았을까?' 모두의 머릿속에는 이 생각밖에 없었어요.

드디어 세 번째 정거장이 다가오고 있었어요. 모두의 가슴은 두근
두근 방망이질 쳤고 창문에 붙어 있다시피 밖을 보고 있던 남자의 심장은 몸 밖으로 뛰쳐나올 듯
이 쿵쾅거렸어요. "아…" 모두가 창밖을 보고는 할 말을 잊어버렸어요. 왜일까요?

창밖으로 보이는 커다란 나무에는 가지
가지마다 수백 장이나 되는 노란 손수건이
하나씩 하나씩 매달려서 바람에 흔들리고
있었고 나무 꼭대기에는 늙고 주름진 얼굴
의 할머니 한 분이 노란 앞치마를 벗어들고
힘껏 흔들며 아들의 이름을 큰 소리로 부르고 계셨던 거예요.

노란 손수건을 한 장만 달면 혹시라도 아들이 못 보고 지나갈까 봐 걱정스런 마음에 늙은 어머
니는 노란 손수건을 나무에 한 가득 매달아 놓으셨던 거지요. 많은 죄를 지으며 늙은 어머니를 한
평생 괴롭히던 아들이었지만, 어머니는 그를 무조건적으로 사랑하고 용서하셨던 거예요.

"덜커덩~" 문이 닫히는 소리와 함께 어머니 품에 얼굴을 묻고 어깨를 들썩이며 우는 아들을
뒤로 하고 버스는 떠났어요. 차 안의 사람들도 모두 눈물을 흘렸지요. 그 아들은 그 뒤로 죄를 다
시 지었을까요? 그 어머니의 사랑이 가슴에 새겨져서 다시는 죄를 짓지 않았을 거예요.

이 늙은 어머니처럼 우리를 무조건 용서해 주시고 은총을 베풀어 주시는 분이 계세요. 바로 하
나님이세요. 하나님은 예레미야 31장에서 말씀하셨어요. "내가 새 언약을 세우리라. 내가 나의 법

을 그들의 속에 두며 그 마음에 기록하여 나는 그들의 하나님이 되고 그들은 내 백성이 될 것이라. 내가 그들의 죄악을 사하고 다시는 그 죄를 기억하지 아니하리라." 하나님께서는 옛날의 언약, 곧 하나님의 율법을 지킬 때에는 복을 주시고 그렇지 않을 때에는 벌을 내리겠다는 약속 대신 새로운 약속을 주셨어요. 바로 우리의 죄를 조건 없이, 무조건 용서해 주겠다는 약속이었어요.

하나님께서는 이 약속을 우리에게 베풀어 주시기 위해서 예수 그리스도를 보내주셨어요. 그리고 예수님은 십자가에 매달려 돌아가시면서 하나님이 우리를 용서해 주셨음을 직접 보여 주셨어요. 예수님은 하나님의 사랑이시자 하나님의 법을 나타내시는 분이지요.

하나님께서는 죄를 미워하시는 분이에요. 그래서 하나님의 법에 따르면 우리는 우리의 죄 때문에 당연히 죽어야 했어요. 하지만 하나님께서 우리를 사랑하셨기 때문에 우리의 죄를 대신해서 예수님에게 그 벌을 받게 하셨어요. 그래서 우리는 용서받을 수 있는 거예요. 이제 우리는 예수님을 믿기만 하면 하나님께서 베풀어 주시는 은혜를 받을 수 있어요. 모든 죄를 깨끗이 용서받고 다시 하나님의 자녀가 될 수 있는 거예요. 이것이 바로 하나님께서 우리에게 주신 새 언약이에요.

예전에는 하나님의 법 가운데 하나라도 어기면 나머지를 모두 잘 지켰어도 하나의 법을 어긴 것에 대한 책임을 져야 했지요. 그래서 죄짓지 않은 사람은 한 명도 없었어요. 그러나 이제 우리는 하나님의 새 언약을 받았고 예수님을 믿기만 하면 우리의 죄를 기억하지 않으시겠다는 약속을 받게 되었어요. 어때요. 완전히 바뀌었지요? 옛 언약이 우리의 죄가 무엇인지 설명해 주는 것이었다면 새 언약은 하나님의 사랑과 은총이 무엇인지 알려 주는 것이에요. 이렇게 예수님께서 우리의 죄를 대신해서 죽으셨던 그 사랑과 하나밖에 없는 아들을 우리에게 주시면서까지 우리를 사랑하시는 하나님의 사랑을 안다면 그 사랑은 우리의 마음속에 깊게 새겨질 거예요.

큰 돌멩이에 새긴 글씨들도 언젠가는 닳아서 없어져요. 나무에 새긴 이름들도 나무가 말라죽으면 같이 없어져 버리지요. 책에 새겨 놓은 글씨들도 세월이 지나면 종이가 부스러지며 함께 사라져 버려요. 하지만 우리 마음에 새겨진 하나님의 사랑은 아무리 많은 시간이 흘러도 닳거나 사라질 수 없어요. 어떤 불꽃으로도 녹일 수 없고 어떤 바다도 그 사랑을 덮을 수 없어요. 그리고 그 사랑이 결국 나타내는 것은 바로 "하나님은 우리의 하나님이시며 우리는 하나님의 구원받은 백성"이라는 것입니다.

여러분, 절대로 잊어버리지 마세요. 하나님은 오늘도 우리에게 용서의 노란 손수건을 흔들고 계시다는 것을요. 하나님께서 우리를 사랑하고 계시다는 사실을 조금도 의심하지 마세요. 하나님께서는 우리와 이미 새 언약을 맺으신 분이랍니다.

07

[파워포인트 설교]

매일매일 하나님과 함께

배울말씀 : 에스겔 48:30~35

자, 이제부터 선생님이 말하는 것의 공통점이 무엇인지 한번 맞혀 보세요. 최지연, 김승현, 박희성, 윤찬기, 오수정, 서예찬… (아동부 어린이의 이름을 부른다.) 과연 공통점이 뭘까요?

지금 선생님이 부른 것들은 모두 '이름'이에요. 우리에게 이름이 없다면 우리는 누가 누군지도 모를 거예요. 이름을 안 부르고 "야!"라고 부르면 앞에 있던 사람들이 모두 뒤돌아보겠지요?

이름은 그 뜻을 가지고 있어요. 예를 들어 '수정'이는 수정처럼 빛나는 사람이 되라는 뜻이고, '예찬'이는 예수님을 찬양하는 사람이 되라는 뜻에서 지어진 이름이지요. 이렇게 이름은 그 사람이 누군지를 나타내고 있어요.

그렇다면 하나님의 이름은 무엇일까요? 옛날 이스라엘 사람들은 하나님을 야훼, 또는 여호와라고 불렀어요. '여호와'의 뜻은 '스스로 있는 자' 또는 '있는 모든 것을 있게 하시는 분'이에요. 그러면서 사람들은 하나님께서 어떤 분이시라는 것을 이름을 통해 나타내곤 했었어요. 예를 들어 하나님께서 준비하신다는 뜻의 '여호와 이레', 여호와는 우리의 깃발이라는 뜻으로 '여호와 닛시'를 들 수 있어요.

오늘 배우는 에스겔서 48장에서는 하나님을 '여호와 샤마'라고 하고 있어요. 이 뜻은 '여호와께서 거기 계신다'라는 뜻이에요. 그런데 거기? 거기가 어딜까요?

예전 이스라엘 사람들은 하나님께서 성전에 계신다고 생각했어요. 그래서 솔로몬 왕은 수십 년간 성전을 지을 준비를 하고 최고의 재료를 사용하여 예루살렘에 7년 동안이나 성전을 지었어요. 이스라엘 사람들은 하나님이 계신 예루살렘성은 절대 무너지거나 망하지 않을 것이라고 생각했어요. 그러고는 오히려 거룩하신 하나님의 성전 안에서

우상을 섬기기 시작했지요.

하나님은 우상 숭배를 한 이스라엘 사람들에게 벌을 주시기로 하셨어요. 그래서 그들이 굳게 믿던 예루살렘 성전은 건축된 지 453년 만에 바벨론 사람들에게 완전히 파괴되고 사람들은 바벨론이라는 나라로 끌려가고 말았지요.

성전이 완전히 파괴된 모습을 본 이스라엘 사람들은 많이 울며 슬퍼했어요. "아니, 이럴 수가… 하나님의 성전이 무너지다니… 하나님께서 우리를 버리고 떠나셨구나. 이제 우리는 어떻게 해야 하나…."

이스라엘 사람들은 하나님께서 그들을 떠나셨다고 생각했지만 하나님은 그러지 않으셨어요. 하나님은 비록 이스라엘 사람들이 우상을 숭배하는 죄를 지어서 벌을 주실지라도 그들을 끝까지 사랑하셨어요.

그리고 그 증거로 다음과 같이 말씀하셨어요(사 7:14). "처녀가 잉태하여 아들을 낳을 것이며 그가 그의 이름을 임마누엘이라고 할 것이다." 하나님께서는 이스라엘 사람들에게 '임마누엘'이라는 이름을 가진 한 아기를 주신다고 말씀하셨어요. 그

아기는 바로 예수님을 말씀하시는 것이었지요. 그런데 이 '임마누엘'의 뜻이 바로 '하나님께서 우리와 함께 계시다'라는 뜻이에요. 하나님은 임마누엘 예수님을 통해서 사람들과 영원히 함께 계시기를 원하셨어요.

그뿐만이 아니에요. 예수님이 십자가에 달리시기 바로 전 제자들과 다락방에 계셨을 때였어요. 그때 예수님이 두려워하는 제자들을 위해서 하나님께 구하신 것이 있어요. "내가 아버지께 구하겠다. 그리하면

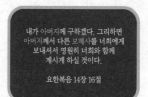

아버지께서 다른 보혜사를 너희에게 보내셔서 영원히 너희와 함께 계시게 하실 것이다(요 14:16)." 바로 보혜사 성령님이셨어요. 보혜사는 성령님의 또 다른 이름인데 우리를 보호하고 도우시기 위

해서 우리에게 오신 분이지요. 이렇게 하나님께서는 성령님을 통해 우리 가운데 영원히 함께 계시기를 원하셨어요.

그렇다면 이 세상의 마지막 때에는 어떻게 될까요? 하나님께서 이 세상을 창조하심으로 시작의 문을 여셨으니 마지막도 하나님께서 하나님의 뜻대로 만드시겠지요? 그 마지막 때의 이야기가 요한계시록

보아라, 하나님의 집이 사람들 가운데 있다. 하나님이 그들과 함께 계실 것이요.

요한계시록 21장 3절

에 나와 있어요. "보아라, 하나님의 집이 사람들 가운데 있다. 하나님이 그들과 함께 계실 것이요 (계 21:3)." 이처럼 하나님께서는 세상을 창조하시던 그날부터 시작해서 지금도, 그리고 세상이 끝나고 새로운 하나님의 나라가 이 땅에 내려올 때까지, 그리고 그 이후로도 영원히 우리와 함께하시기를 원하세요.

이제 '여호와 샤마'에서 하나님이 계시는 '거기'가 어디인지 알 수 있겠어요? 바로 우리가 있는 곳이지요.

여호와 샤마 = 여호와께서 거기 계신다.

'거기' = 우리가 있는 곳.

여러분 중에 짝사랑을 해 본 사람 있어요? 짝사랑을 하면 어딜 가나 그 사람이 생각나요. 또 그 사람을 보면 가슴이 설레면서 두근거리지요. 또 그 사람이 나를 속상하게 만들어도 도대체 미워할 수가 없어요. 사랑하니까요.

이런 증상으로 볼 때 우리 하나님은 짝사랑이 심하신 분인가 봐요. 사람들은 계속 죄를 지으면서 하나님을 멀리하고 잊어버리지만 하나님은 결코 우리를 버리시거나 잊지 않으시고 사랑해 주시니까요. 우리가 하나님께 등을 돌릴 때마다 하나님께서는 우리에게 죄를 버리고 다시 하나님께로 돌아오라고 부르세요. 왜냐하면 하나님께서는 우리와 함께 계시고 싶어 하시지만 죄를 싫어하고 미워하시는 분이기 때문에 우리 속에 있는 죄와 함께 계실 수 없기 때문이에요. 물과 기름이 서로 섞일 수 없듯이 하나님과 죄는 같이 섞일 수 없어요. 그래서 바울 아저씨는 우리에게 부탁하셨어요. "여러분의 몸은 여러분 안에 계신 성령의 성전이라는 것을 알지 못합니까? 그러니 죄를 피하십시오(고전 6:19)." 우리와 함께 계시고 싶어 하시는 간절한 하나님의 소원을 안다면 우리는 하나님과 함께 있을 준비를 해야 해요. 우리 속에 있는 죄를 모두 버리고 이제까지의 모든 죄를 하나님께 고백하세요. 여러분이 하나님께 용서를 구하면 하나님께서는 기쁜 마음으로 용서해주시고 우리와 함께하실 거예요. 매일의 삶 속에서 늘 하나님과 함께하기 위해 매일매일 나를 돌아보는 시간을 가지세요. 여호와 샤마이신 하나님께서 우리와 함께하시는 것을 얼마나 좋아하고 기뻐하시는지 매일매일 느낄 수 있을 거예요. 매일매일 하나님과 함께 파이팅!

IV

우리를 사랑하시는 하나님

08

새 하늘과 새 땅

배울말씀 : 이사야 65:17~25

여러분은 지구의 마지막 시간을 생각해본 적이 있나요? 밤하늘을 보면 달과 별이 보여요. 우리에게 생명이 있는 것처럼, 우주의 많은 별들에도 생명이 있지요. 별도 태어나서 자라나고 시간이 지나면 차가워져서 죽게 돼요. 그렇다면 우리 지구는 어떻게 될까요?

사람들이 만든 영화 중에는 지구의 마지막 이야기를 담은 영화들이 있어요. (영화 '터미네이터3'에서 마지막에 핵폭탄이 터지는 장면을 보여 준다.) 지금 본 '터미네이터3'에서 지구는 핵폭탄 때문에 종말을 맞지요. (영화 'A.I.'에서 외계인이 지구 멸망 이후 빙하기의 지구를 방문하는 장면을 보여 준다.) 또 A.I.라는 영화에서 지구는 미래에 얼어붙은 빙하시대가 되어 생명체가 살 수 없게 되었고 그런 지구에 외계인이 찾아오기도 해요. 그렇다면 지구는 결국 영화처럼 그렇게 멸망하고 말까요? 아님 이런 모습은 어떨까요? (공익광고협회의 재활용광고 '쓰레기는 죽지 않는다'에서 철이 재활용되는 장면을 인터넷에서 찾아 보여 준다.) 지금 보여 주었던 재활용광고처럼 쓰레기가 된 지구를 누군가가 다시 재활용해서 만들까요? 그렇다면 우리는 무엇으로 재활용될까요?

이번엔 하나님께서 지구의 종말에 대해 어떻게 말씀하시는지 알아볼까요? "내가 새 하늘과 새 땅을 창조할 것이니 이전 것들은 기억되거나 마음에 떠오르거나 하지 않을 것이다." 이사야서 65장에서 하나님

은 지구가 마지막에 망해서 없어지는 것도 아니고, 예전 것이 재활용되지도 않고, 새 하늘과 새 땅으로 창조된다고 하셨어요. 그렇다면 하나님께서는 지금 이 지구를 사랑하지 않으셔서 없애버리고 새로 만드신다고 하시는 걸까요?

아니에요. 하나님은 지금도 하나님께서 처음 창조하신 자연과 사람들을 사랑하고 계세요. 하나

님은 자연과 아담을 만드시고 기뻐하셨어요. 그러고는 아담을 이끌어 에덴동산으로 데려가셨어요. 에덴이라는 말은 유대 사람들의 말로는 큰 기쁨이라는 뜻이에요.

그런데 하나님께서 처음 창조하신 에덴동산의 이야기는 하나님의 작품을 죽 늘어놓고 보여 주는 '작품전시회'가 아니에요. 에덴동산의 이야기는 아담이 자연을 보살피며 함께 살았던 이야기이고 하와와 함께 행복하게 살았던 이야기이지요. 지구는 함께 어울려 사는 기쁨의 공간이었어요.

그런데 지금 지구는 너무 많이 병들고 파괴되고 오염되었어요. 우리나라만 해도 물고기들로 가득해야 할 어부의 그물에는 독을 가진 해파리만 가득하고 꽃을 피워야 할 나무에는 송충이만 가득해서 잎이 모두 말라버렸다는 좋지 않은 소식들이 뉴스에 나오곤 하지요.

사람들은 어때요? 매일매일 미움과 욕심 때문에 죄를 짓고 있어요. 더 많은 것을 차지하기 위해 무기들을 더욱 많이 만들어내고 있고, 사람들은 전쟁 때문에 총에 맞아 죽고 굶어 죽어가고 있어요.

그뿐인가요? 사람들이 욕심 때문에 파괴해버린 자연 때문에 이제는 오히려 고통 받고 있지요. 기상 이변으로 인한 더위와 추위, 폭풍과 지진과 산사태 같은 자연재해들 때문에 고통 받고 있어요. 그리고 그 속에서 힘이 없고 약한 사람들은 더욱 더 고통 받기 마련이에요.

이렇게 죄와 고통 속에서 신음하는 자연과 사람들을 보시는 하나님의 마음은 어떨까요? 여러분, 여러분이 매우 아픈 병에 걸렸을 때 엄마, 아빠는 어떠셨어요? 여러분보다도 더 많이 마음 아파하셨지요? 친구가 한번만 아파도 엄마 아빠가 마음 아파하시는데 하물며 이 세상 모든 만물을 창조하신 우리 하나님의 마음은 어떠시겠어요? 고통 받

는 우리의 모습 때문에, 하나님이 처음 만들어주신 그 모습으로 회복되지 못하고 아파하는 모습 때문에 가슴이 저리도록 안타까워하실 거예요.

하나님께서 이토록 우리를 사랑하시기 때문에 새 하늘과 새 땅을 창조하겠다고 말씀하고 계세요. 그럼 하나님께서 지으신 새 하늘과 새 땅에서는 무슨 일이 벌어질까요?

"이리와 어린 양이 함께 풀을 먹으며, 사자가 소처럼 여물을 먹으

> "이리와 어린 양이 함께 풀을 먹으며, 사자가 소처럼 여물을 먹으며, 뱀이 흙을 먹이로 삼을 것이다.
>
> 나의 거룩한 산에서는 서로 해치거나 상하게 하는 일이 전혀 없을 것이다.
>
> 내가 예루살렘을 기쁨이 가득 찬 도성으로 창조하고, 그 안에서 다시는 울음소리와 울부짖는 소리가 들리지 않을 것이다."

며, 뱀이 흙을 먹이로 삼을 것이다. 나의 거룩한 산에서는 서로 해치거나 상하게 하는 일이 전혀 없을 것이다. 내가 예루살렘을 기쁨이 가득 찬 도성으로 창조하고, 그 안에서 다시는 울음소리와 울부짖는 소리가 들리지 않을 것이다."

바로 하나님께서 창조하신 새로운 세계에서는 그곳에서 사는 사람들뿐만 아니라 모든 만물이 평화롭게 지내며 기쁘고 행복할 것이라고 말씀하셨어요. 그리고 하나님께서는 그런 모습을 보시고 기뻐하신다고 하셨어요. 이제 그 기쁨은 사라지지도 않고 줄어들지도 않아요. 그이전의 모든 슬프고 괴로운 일들이 없어져서 기억도 되지 않기 때문이  에요. 서로 다투지도 않고 해치지도 않는다면 세상은 지금과 달리 평화가 넘칠 거예요. 처음 에덴동산에서 그랬던 것처럼 기쁨이 가득할 거예요.

그렇다면 하나님이 새롭게 창조하신 세계에는 누가 들어갈 수 있을까요? 당연히 새로운 사람이 들어갈 수 있겠지요. 바로 구원받고 더 이상 죄를 짓지 않는 깨끗한 마음을 가진 사람들이요. 고린도후서 5장  17절에서 누구든지 그리스도 안에 있으면 새로운 피조물이라고 했어요. 옛 사람은 지나가고 새 사람이 되었다고 말하지요.

하나님께서는 죄 짓고 고통 받는 사람들을 위해서 예수 그리스도를 이 땅에 보내주셨어요. 우리가 예수님 안에서 믿고 구원받았다면 하나님이 창조하신 새로운 세계에 들어갈 수 있어요.

아무리 하나님께서 새로운 세상을 다시 창조하신다고 해도 사람들의 마음이 바뀌지 않고 욕심 부리고 다투고 미워하며 죄를 더 사랑한다 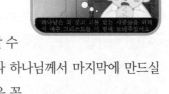 면 기쁨과 평화의 세상은 다시 파괴와 슬픔이 가득한 세상이 되겠지요. 그렇기 때문에 우리가 예수님을 믿고 구원받는 일이 중요한 거예요.

우리가 믿고 구원받을 때 지금 이 세상에서 기쁘고 행복하게 살 수 있어요. 하지만 우리가 구원받을 때 지금 이 세상에서뿐만 아니라 하나님께서 마지막에 만드실 새로운 하나님 나라에서 즐겁고 기쁘게, 영원히 살 수 있다는 것을 꼭 기억하세요.

여러분이 영원한 하나님의 나라를 꿈꾸는 사람들이 되기를 바랍니다. 그 누구도 주지 못할 기쁨과 즐거움의 나라를 소중하게 생각하는 친구들이 되기를 바랍니다.

09 [파워포인트 설교]

하나님이 주시는
평화의 세계

배울말씀 : 미가 4:1~5

"앗 뜨거! 앗 뜨거! 얘들아, 보고만 있지 말고 내 몸에 붙은 불 좀 꺼 줘. 제발 부탁이야. 뜨거워서 견딜 수가 없어. 우리는 도망갈 수도 없 으니 너희가 얼른 불 좀 꺼줘. 조금만 있으면 우리가 열매와 씨를 맺을 수 있는데… 어떻게 해, 어떻게 해." 나무와 풀들이 하늘을 보며 울고 있어요.

"얘야, 빨리빨리 뛰어라. 조금 있으면 다시 비행기가 와서 땅에 마 구 폭탄을 퍼부을 거야. 그 전에 얼른 도망가야 한단다. 힘을 내." 엄 마 사슴이 아기 사슴에게 말했어요. 하지만 이제 태어난 지 한 달밖에 안 된 아기 사슴은 지금도 숨이 차서 죽을 것 같아요. 더 이상은 못 뛸 것 같아요. "위이이이잉~ 타타타타타~" 멀리서 다시 비행기가 날아 오는 소리가 들려와요.

땅이 크게 한숨을 쉬며 말했어요. "내 얼굴을 보렴. 어느 곳 하나 성 한 곳이 없단다. 여기도 움푹, 저기도 움푹. 폭탄이 터질 때마다 내 얼 굴이 움푹 움푹 파였지. 그뿐이겠니, 탱크라도 한 번 지나가면 내 심장 까지 떨리지. 전쟁을 할 때마다 내 몸은 피로 뒤덮인단다. 정말 끔찍한 광경이야."

바다가 눈물을 흘려요. "사람들은 바다 속에서도 서로 싸운단다. 전쟁을 하는 배들이 서로 싸 운 다음에 아무 잘못 없는 우리 바다 속 물고기들이 얼마나 죽는지 몰라. 아빠 엄마 물고기들이 낳 아놓은 알도 전부 살아남을 수가 없지. 바닷물에서 썩는 냄새가 난단다."

"오늘 아침 갑자기 '꽝' 하더니 무섭게 생긴 군인 아저씨들이 칼이랑 총을 들고 우리 집에 들어

왔어. 엄마가 나만 나무 침대 밑에 숨겨주었는데 무시무시한 고함소
리가 들렸어. 한참 있다 나갔더니 마당에 아빠, 엄마, 형아, 누나, 모두
누워 있는 거야. 내가 아무리 불러도 일어나지를 않아. 숨도 안 쉬고
눈도 안 뜨고… 얘들아, 나 지금 무서워. 너무너무 무서워…."

지금까지 본 사진들은 어떤 사진인 것 같나요? 자연과 사람들이 왜
고통 받고 있지요? 그래요, 전쟁을 하기 때문이에요. 요즘 세계에는 예전보다 더 많은 전쟁들이
일어나고 있어요. 전쟁이 일어나면 하나님께서 만드신 모든 자연과 사람들이 파괴되고 고통을 받
아요. 그럼 전쟁은 왜 일어나는 걸까요?

"이번 전쟁에서 우리가 꼭 이겨야 해. 전쟁에서 이겨야만 많은 것을
가질 수 있지. 넓은 땅, 많은 돈, 모두 전쟁에서 이겨야만 가질 수 있
어." 다른 사람이 말해요. "우리 편이 아닌 사람들은 다 미워, 모조리
없애버릴 거야."

그래요. 서로 미워하기 때문에 전쟁이 일어나고 서로 많은 것을 차지하려는 욕심 때문에 전쟁
을 일으키지요. 이러한 모습을 보고 가장 가슴 아플 분이 누구일까요? 맞아요. 하나님이세요. 하
나님께서 처음 사람을 만드셨을 때 우리에게 부탁하신 일이 있어요. 바로 이 지구의 동물과 식물
들을 잘 보살펴 주라는 부탁이셨어요. 그리고 사람들이 서로 평화롭게 살기를 원하셨어요. 하지
만 사람들이 자연을 파괴하고 서로 미워하며 살고 있기 때문에 하나님의 마음이 무척 아파요.

그럼 앞으로 우리가 사는 이 세계는 어떻게 될까요? 어떤 사람은 자연이 계속 파괴돼서 지구가
멸망할 거라고 말해요. 또 사람들이 서로 핵폭탄을 터트려서 모두 다 죽게 될 거라고 말한 사람도
있어요. 그럼 하나님은 뭐라고 말씀하셨을까요?

미가서 4장 3~4절에서 하나님께서는 사람들의 잘잘못을 심판하신
다고 했어요. 그러고 나면 사람들은 전쟁에 필요했던 창과 칼을 녹여
서 농사를 짓는 데 필요한 기구들을 만들 거라고 하셨어요. 사람들은
자기들이 농사짓는 과수원의 나무들 밑에서 편히 쉰다고 말씀하셨어
요. 바로 평화의 세상이 온다고 말씀하시는 거예요.

> **미가 4장 3~4절**
> 주께서 나라들 사이의 다툼을 판단하시고 멀리 떨어진
> 강한 나라들을 꾸짖으실 것이니 나라마다 칼을 쟁기로
> 만들고 창을 낫으로 만들 것이다.
> 다시는 나라들이 서로 싸우지 않으며 전쟁 연습도 하지
> 않을 것이다.
> 사람마다 자기 포도나무와 무화과나무 아래 앉을 것이
> 다.
> 아무도 그들을 두려움에 빠뜨리지 않을 것이니 이는 만
> 군의 여호와께서 말씀하셨기 때문이다.

예전에는 총과 칼이 생명을 죽이는 데 사용되었어요. 하지만 그것들이 농사를 짓는 기구가 된
다면 나무도 살고 땅도 살고, 거기서 사는 동물들과 사람들도 생명을 얻게 되지요. 이렇게 평화의
세상은 모두 같이 살아가는 세상인 거예요.

그때에는 한국 사람, 미국 사람, 일본 사람, 아프리카 사람 할 것 없이 모든 나라 사람이 하나님

의 말씀을 들으러 하나님의 산으로 올 거예요. 하나님께서 우리와 함께 사는 그곳이 바로 평화의 세상이 될 거예요. 지금은 하나님을 믿지 않는 사람들도 많지만 그때에는 모든 사람이 하나님을 알고 사랑하게 될 거고요. 어때요, 여러분? 생각만 해도 가슴이 벅차지 않나요? 그때에는 뉴스를 들어도 좋은 소식, 기쁜 소식만 나오겠죠. 신문에도 아름다운 자연과 좋은 소식들만 실릴 거고요.

이런 평화의 날이 올 때까지 우리는 무엇을 해야 할까요? 하나님이 주시는 평화의 세계는 가만히 기다리면 저절로 올까요? 하나님께서는 분명히 심판을 하신다고 하셨어요. 이 말은 하나님께서는 우리

가 평화를 위해 어떤 노력을 했는지 물어보신다는 말이에요. 미가서 4장 5절을 읽어 보면 하나님은 우리에게 하나님의 이름을 영원히 부르며 살아가라고 말씀하셨어요.

여러분도 옆 친구와 사이좋게 지낼 수 없을 때, 또는 누군가가 몹시 미워질 때, 욕심 때문에 친구와 싸웠던 때가 있었을 거예요. 누군가가 몹시 미울 때는 화를 내지 않기가 정말 어려워요. 그 사람 앞에서 화를 내지 않는다고 해도 마음으로 계속 미워하곤 하죠. 그럴 때는 하나님의 이름을 불러보세요.

"하나님, 지금 제가 화가 너무너무 나는데 어떻게 하죠?" 그러면 하나님께서 우리의 마음속에 말씀해 주실 거예요. "미워하지 말아라." "욕심부리지 말아라." "용서해 주어라." 하나님께서 우리에게 주시는 말씀대로 따를 때 우리는 평화롭게 지낼 수 있어요. 하나님을 믿는 사람들이 노력할 때 하나님이 주시는 평화의 세상은 더욱 가까워져요. 우리 모두 평화의 세상을 위해 더욱 노력하기로 해요.

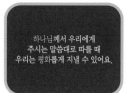

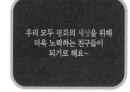

IV

우리를 사랑하시는 하나님

난 두렵지 않아요

배울말씀 : 이사야 41:8~13

"휴~" 깊은 한숨소리가 들려요. "두근
두근, 두근두근…" 무섭고 두려워서 심장
이 크게 뛰는 소리예요. 오늘 성경 속의 이
스라엘 사람들은 모두 두려워서 떨고 있었
어요. 그때는 이스라엘이 바벨론이라는 나

라에 끌려가서 60년이 넘게 바벨론의 종이 되어 비참하게 살아가던 때였어요.

"하나님이 우리를 버리신 것이 틀림없어. 그렇지 않으면 어떻게 우
리가 이 먼 땅까지 끌려와서 이렇게 힘들게 살도록 그냥 두실 수가 있
겠어?" "맞아요. 이제 우리 곁에는 하나님께서 안 계시는 것 같아요.
이 넓은 세상에서 이제 이스라엘은 혼자라고요." "우리가 죄를 너무

많이 지었어. 이제 하나님께서도 우리를 용서해주지 않으실 거야. 하
나님이 우리를 버리시면… 우리 민족은 살아남을 수 없겠지?" "아! 이 힘든 종살이를 영원히 해야
하는 걸까요? 고향에 돌아갈 수 없을 것 같아 두려워요." 사람들은 깊
은 한숨을 쉬며 불안한 하루하루를 살아갔어요. 그러나 이렇게 모든
희망을 버리고 두려워하는 이스라엘에게 하나님은 말씀하셨어요. "내
가 너를 선택하고 버리지 않았다. 내가 너와 함께 있으니 두려워하지
말아라. 내가 너의 하나님이니 떨지 말아라. 내 승리의 오른팔로 너를

붙들어주겠다." 하나님께서는 이러한 말씀을 계속 반복해서 들려주셨
어요. 한번이 아니라 두려워하는 이스라엘을 향해 몇 번이고 계속 말
씀해 주셨어요.

엄마가 캄캄한 곳에서 무서워 울고 있는 아이를 부를 때 어떻게 부

를 것 같아요? "얘, 여기로 나와. 여기는 안 무서워."라고 한 번만 이야기하고 말까요? 그 아이가 환한 곳으로 나올 때까지 계속해서 자기 아이를 안심시키면서 부를 거예요. 그래도 무서워하면 아예 아이가 있는 곳까지 가서 그 아이의 손목을 잡고 괜찮다고, 엄마가 여기 있다고 계속 말하면서 데리고 나오겠죠.

하나님도 마찬가지예요. 우리의 좋은 엄마 아빠 같으신 하나님께서도 울고 있는 이스라엘이 희망을 얻을 때까지 계속해서 용기를 내도록 격려해 주시는 거예요. "두려워하지 마라, 내가 널 지켜주겠다, 너를 붙들어 주겠다. 내가 널 돕겠다. 내가 너의 오른손을 붙잡고 있다. 너를 강하게 하겠다." 그리고 결국 하나님께서는 말씀하신 대로 이스라엘을 구해주시고 자기 나라로 돌아갈 수 있게 해 주셨어요.

하나님께서는 여러 많은 민족들 중에서 이스라엘을 선택하시고, 끝까지 인도하시며 모든 민족이 하나님께서 하신 놀라운 일들을 알도록 하셨어요. 이스라엘은 하나님께 영광 돌리기도 하고 때로는 죄를 짓기도 했지요. 하지만 하나님은 어떠한 때에라도 이스라엘을 버리지 않으셨어요. 그리고 하나님께서 큰 잘못을 한 이스라엘에게 벌을 주신 적도 있지만 두려워하는 그들을 끝까지 지켜주겠다고 약속하셨지요.

다른 것에 의지하지 않고 오직 하나님만 의지할 때 우리는 용기와 희망을 얻을 수 있어요. 만일 조폭들이 와서 여러분에게 똑같이 "내가 너를 선택하고 버리지 않았~어. 지금 내가 옆에 있으니 두려워하지 말어. 내가 너를 구원해 줄 테니 떨~지도 말어. 내 승리의 오른팔로 너를 붙들어주겠스~."라고 말하면 여러분은 희망을 얻겠어요? "야! 내 빽이 최고다. 누구든 다 덤벼!"하고 용기를 내서 거리로 뛰쳐나갈래요?

실제로 이스라엘을 지켜주겠다고 한 나라들도 있었어요. 이스라엘이 지켜달라고 도움을 요청한 나라들도 있었고요. 하지만 그들이 실제로 이스라엘을 지켜주지는 못했어요. 오직 하나님만이 이스라엘을 지키시는 단 한 분이셨지요.

Ⅳ

우리를 사랑하시는 하나님

여러분은 레나 마리아라는 사람을 알아요? (레나 마리아의 찬양과 함
께 그의 사진들을 볼 수 있는 동영상, "레나 마리아의 감동의 동영상" 앞부
분을 인터넷에서 내려받아 3분 정도 보여 준다.) 레나 마리아는 1968년
스웨덴의 중남부 하보 마을에서 두 팔이 없고 한쪽 다리가 짧은 중증
장애인으로 태어났어요. 병원에서 보호소에 맡기라고 말했지만 레나
마리아의 부모님은 그 아이를 집으로 데리고 왔어요.

처음에는 레나 마리아의 부모님도 두려웠겠죠. 어떻게 이런 일이
일어날 수 있는지, 하나님께서 자기들을 버리신 것이 아닌가 하는 생
각도 들었을 거예요. "하나님, 지금 우리로서는 이 아이를 도저히 감
당할 수 없습니다. 주님께만 의지합니다." 그렇게 기도한 후 레나 마
리아의 부모님은 믿음으로 그 아이를 보통 아이들과 똑같이 키웠어요.
레나 마리아도 심한 장애를 가진 몸으로 세상에 나가기가 쉽지는 않았을 거예요. 하지만 믿음으
로 자라난 레나는 수영과 십자수, 요리와 피아노, 운전, 성가대 지휘에 이르기까지 그녀의 하나밖
에 없는 오른발로 못하는 게 없대요. 3살 때부터 수영을 시작해서 스웨덴 대표로 세계 장애자 수
영선수권 대회에서 4개의 금메달을 따기도 했고요, 어렸을 때부터 교회성가대에서 활동했고 커서
는 음악 대학을 졸업해서 지금은 찬양을 불러 세계적으로 유명하게 되었어요. 참으로 놀랍지요.

우리는 왜 레나 마리아가 불편한 몸을 가지고 태어나게 되었는지 잘 몰라요. 하지만 하나님은
레나 마리아를 선택하셔서 하나님을 찬양하고 하나님의 사랑을 온 세계 사람들에게 알리며 복음
을 전하도록 하셨어요. 레나 마리아가 불편한 몸이지만 두려워하지 않고 이 세상을 자신 있게 살
아나갈 수 있었던 것은, 자신에 대한 하나님의 사랑을 의심하지 않았기 때문이래요. 하나님께서
자신을 지켜주실 것을 굳게 믿었기 때문이지요.

여러분, 앞으로 우리가 세상을 살아가다 보면 우리에게 문제가 생길 수도 있고, 견디기 힘들고
두렵고 무서운 일들이 생길 수도 있어요. 또한 우리 중에는 지금 많이 힘든 친구들도 있어요. 지금
나만 이 세상에서 혼자인 것 같고 아무도 나를 도와주지 않아서 버림받은 것 같은 기분이 들지도
몰라요. 하지만 그럴 때가 더욱 하나님을 찾아야 하는 때예요. 더욱 하나님께 기도드리고 하나님
께만 의지해야 해요. 하나님께서 정말 날 지켜주시는지 의심이 될 때에는 다른 것 보지 말고 오늘
의 성경 말씀을 읽어보세요. 하나님께서 우리를 하나님의 자녀로 선택하셨다는 것을 알 수 있을
거예요. 또 얼마나 우리를 사랑하시는지, 얼마나 우리에게 용기를 주시는지도 알 수 있어요. 자!
용기를 내세요. 우리는 언제나 하나님께서 내미시는 손을 잡고 걸어가는 사람들이랍니다.

11 [파워포인트 설교]

끝까지 사랑하시는 하나님

배울말씀 : 호세아 2:14~23

어느 교회에 한 말썽꾸러기 아이가 있었어요. 말썽꾸러기도 보통 말썽꾸러기가 아니었지요. 예배를 방해하는 것은 물론이고 신생님 말씀도 안 듣고 전도사님이나 목사님의 말씀도 우습게 알았어요. 나쁜 친구들과 어울려 다니면서 온갖 나쁜 일을 하고 다녀서 동네에서도 아주 골칫덩어리였어요. 그래도 주일이면 교회에는 꼭 나오는 거예요. 그러고는 말썽만 실컷 피우다가 돌아가곤 했지요. 선생님들은 속으로 차라리 안 나오는 것이 도움이 되겠다고 생각할 정도였어요.

선생님들이 모여서 의논을 했지만 뾰족한 방법이 없었어요. 그런데 그 말썽꾸러기를 눈여겨보고 있던 A 선생님이 계셨어요. 선생님은 그 아이가 말썽을 부릴 때면 엄하게 야단을 치시곤 했어요. 하지만 마

음 한편에서는 그 아이가 딱하고 걱정이 되었어요. "기회가 되면 저 아이를 꼭 안고 기도해 주어야지."

그러던 중 여름성경학교가 열렸지요. 저녁에 선생님이 아이를 안고 기도해 주는 시간이 있었어요. 말썽꾸러기 아이는 뒤에서 팔짱을 끼고 서서 비웃고 큰소리로 떠들고 있었지요. "기도하면 밥이 나오냐, 떡

이 나오냐. 눈물을 흘리면서 기도하면 어디 누가 들어준대? 흥, 바보들 같으니라고…."

A 선생님은 말썽꾸러기 앞으로 가셨어요. 아이는 또 야단이나 칠 거냐는 눈빛으로 선생님을 똑바로 보고 있었지요. 그때였어요. 갑자기 선생님이 아이를 꽉 끌어안는 거예요. 그러더니 간절하게 기도를 해 주시기 시작했어요. 말썽꾸러기는 선생님의 품을 벗어나려고 몸부림을 쳤어요. 밀어보기도 하고 소리를 지르기도 했지요. "악~ 이거 놔요. 답답해 죽겠단 말이야. 저리 가서 딴 애나 안고 기도해요. 난 싫어, 싫다고!"

선생님은 결심을 단단히 하고 그 아이를 꽉 안은 팔을 풀지 않고 있는 힘껏 기도해 주었어요. 매일 야단만 맞고 사랑받지 못한 아이가 불쌍해서, 또 그 아이가 사랑의 하나님을 알게 되기를 정말 바라는 마음에서 기도를 해주다 보니 선생님 눈에서 눈물이 흘렀어요. 그래서 눈물 콧물 흘리며 큰 소리로 기도를 해 주었지요.

그런데 몸부림을 치던 아이가 점점 조용해지기 시작했어요. 선생님의 기도소리를 듣기 시작한 것이었어요. 자신을 위해 간절히 기도해 주는 선생님의 사랑을 마음 깊이 느끼기 시작한 거예요. 그 아이의 눈에서 한 방울 두 방울 눈물이 떨어지기 시작했어요. 참으려고 했지만 참을 수가 없었지요. 결국 울음이 터지기 시작했고 선생님과 아이는 서로 부둥켜안고 울기 시작했어요. 그렇게 한참을 울고 난 후 아이의 얼굴은 몰라보게 환해졌어요.

"하나님은 누구보다도 너를 사랑하셔. 이제부터 너는 하나님의 자녀란다." "네, 선생님. 저를 위해 기도해 주셔서 고마워요. 이제부터는 말썽도 안 부리고 예배도 잘 드릴게요." 한 선생님의 포기하지 않았던 사랑이 한 아이를 바꿔놓은 순간이었어요. 이 선생님은 어떻게 그 아이를 사랑할 수 있었던 걸까요? 바로 하나님께서 포기하지 않는 사랑을 하시는 분이라는 걸 알았기 때문이지요.

오늘 본문인 호세아서를 보면 아까 말했던 말썽꾸러기보다 더욱 하나님의 마음을 아프게 했던 이스라엘 백성의 이야기가 나와요. 성경에서 두 번째에 나오는 출애굽기에 보면 하나님은 이집트에서 종으로 살던 이스라엘 사람들을 탈출시키시며 구원해 주셨어요. 그리고 그 후 하나님께 예배드리고 하나님의 명령과 법을 지켜 행하면 복을 주시고 지켜 주신다고 이스라엘 백성과 약속을 하셨죠. 그리고 다른 백성의 신을 섬기지 말 것을 명령하셨어요. 하나님께서는 우리가 하나님만 사랑하기를 원하세요. 하나님만 바라보기를 원하세요. 하나님께서 제일 싫어하시는 일은 하나님이 아닌 우상을 섬기는 일이었어요.

그런데 이스라엘 백성은 어리석은 사람과 같이 하나님을 잊어버리고 바알을 섬겼어요. 호세아 선지자는 이때 이스라엘 사람들이 바알을 자기의 주인이라 부르며 하나님을 사랑하는 자도, 하나님을 믿는 사람도 없다고 했어요. 또 살인과 강도 같은 끔찍한 일만 가득하다고 탄식했어요.(호 4:2)

이러한 모습을 보시고 하나님께서는 호세아의 세 자녀들의 이름을 지어주셨어요. 지어주신 아기들의 이름을 통해 이스라엘을 몹시 야단치셨던 거예요. "으앙~" "첫째 아들의 이름을 '이스르엘' 이라고 해라." "네? 아기 이름의 뜻이 '하나님께서 쫓아버리신다' 라고요?"

"으앙~ 으앙~" "둘째 딸의 이름을 '로루하마' 라고 해라." "네? 둘째 아기의 이름도 '불쌍히 여기지 않고 돌보아 주지 않겠다' 라는 뜻이라니요?" ('긍휼' 이라는 말은 불쌍히 여기고 돌봐 주신다는 뜻이에요.)

"으앙~ 으앙~ 으앙~" "막내아들의 이름은 '로암미' 이다." "하나님, 막내아들의 이름까지 '더 이상 내 백성이 아니다' 입니까? 이제 어쩌면 좋습니까? 흑흑흑…."

이렇게 하나님께서는 이스라엘 백성을 쫓아내겠다고, 더 이상 불쌍히 여기지 않으시겠다고, 버리시겠노라고 몹시 야단치고 계시지만 그들을 정말 버리지는 않으셨어요. 오히려 잘못만 하는 이스라엘을 끝까지 포기하지 않으시고 사랑으로 다시 부르시고 계셨지요.

호세아 자녀들의 이름 중에 '로루하마' 랑 '로암미' 가 있었지요? 하나님께서 호세아 2장의 마지막 부분에서 다시 그 이름을 가지고 하신 말씀이 있어요. 하나님은 보살핌을 받지 못하던 로루하마를 하나님

의 보살핌을 받는 루하마로 되게 하실 거라고 말씀하셨고 더 이상 하나님의 백성이 아니었던 로 암미를 하나님의 백성인 암미가 되게 하신다고 하셨어요.[1] 결국 하나님께서는 이스라엘을 다시 사랑해 주시려고 부르시고 계신 거예요.

"돌아오너라, 돌아오너라, 돌아오너라. 나의 백성들아, 너를 사랑하는 내게로 돌아오라." 여러분은 이렇게 간절히 이스라엘을 부르시는 하나님의 마음을 느낄 수 있나요? 끝까지 포기하지 않고 이스라엘을 부르시는 하나님의 사랑을 느낄 수 있나요?

하나님께서는 이스라엘뿐만 아니라 지금 우리를 부르고 계세요. 여러분도 가끔 하나님을 잊어버리고 다른 것에 마음을 더 빼앗길 때가 있을 거예요. 하나님을 속상하게 하는 일을 할 수도 있어요. 실수할 때도 있고, 알면서 그럴 때도 있을 거예요. 하지만 그럴 때에도 하나님은 말썽꾸러기 아이를 꽉 껴안고 기도해 주시는 선생님의 마음보다 훨씬 더 애타는 마음으로 여러분을 부르시고 사랑해 주신답니다.

여러분이 매일매일 우리를 사랑하시는 하나님의 마음을 알고 느끼는 친구들이 되기를 바라요. 하나님의 사랑을 느낄 수 있다면 매일매일 하나님을 더욱 사랑할 수 있을 테니까요. 끝까지 우리를 사랑하시는 하나님의 사랑을 늘 마음에 품고 사는 어린이들이 되기를 기도합니다.

> 매일 매일 우리를 사랑하시는 하나님의 마음을 알고 느끼는 친구들이 되기를 바라요~

---

1) 단어카드를 만든다.

| 로 | 루하마 | = | 불쌍히 여기지 않고 | / | 여기고 | 돌보아 | 주지 않는다 | / | 주겠다 |

로루하마라는 단어가 나오면 로루하마 = 불쌍히 여기지 않고 돌보아 주지 않는다를 붙인다.
루하마라는 단어를 말하며 '로'를 떼고 '여기지 않고'를 '여기고'로, '주지 않는다'를 '주겠다'로 바꾼다.
로암미/암미도 이와 같은 방법으로 설명한다.

| 로 | 암미 | = | 더 이상 | / | 다시 | 내 백성 | 이 아니다 | / | 이다 |

12

함께 사는 세상을 위하여

배울말씀 : 아모스 5:21~24

지금 보여 주는 두 그림을 한 번 잘 보세요.

 무슨 그림인 것 같아요? 첫 번째 그림은 먹을 것이 너무 많아 배부르게 다 먹고도 음식을 남기고 버린 모습이에요. 또 다른 그림은 먹을 것이 없어 온 몸에 뼈만 남고 말라버린 아이의 모습이에요. 이 그림을 보면 어떤 생각이 드나요? 그래요. 온 몸에 뼈만 남은 아이가 참 불쌍하지요? 그런데 이상하지 않아요? 왜 어떤 사람들은 먹을 게 너무 많아서 음식을 먹지도 않고 버리고, 왜 어떤 사람은 못 먹어서 저렇게 고통 받는 걸까요?

 여러분은 지금 우리나라에서 하루에 버려지는 음식물 쓰레기를 돈으로 계산하면 얼마인 줄 알아요? 선생님이 한번 써 볼 테니까 여러분이 한 번 읽어 보세요. 41,100,000,000원. (숫자를 읽을 때 사백십일공공공공공공공공 원이라고 하며 '공(0)'을 강조한다.) 와, 411억 원이요. 백만 원, 천만 원, 일억 원이 아니라 일억이 411개나 있어야 하는 큰돈이에요.

 그럼 굶주린 아프리카 아이들을 한 끼 배불리 먹일 수 있는 옥수수 죽은 얼마일까요? 한번 맞혀 보세요. 이번에도 선생님이 한번 써 볼게요. 80. (0을 하나 쓰고 몇 개 더 쓰려는 듯이 머뭇거리다가 어린이들을 본다.) 이걸로 끝! 80원이에요. 0은 한 개만 있어요.

 계산해 보면 하루에 아프리카 어린이 5만 명이 배불리 먹을 수 있는 돈을 우리는 버리고 마는 거예요. 그럼 아프리카 어린이들은 왜 굶는 걸까요? 부모님이 게을러서 일을 안 해서 그럴까요? 아니에요. 아프리카는 지금 사람이 어떻게 할 수 없는 가뭄이 와서 6년 동안 비 한 방울 내리지 않았대요. 아무리 열심히 농사를 짓고 일을 해도 곡식이 다 말라 죽는 거예요. 먹을 게 없으니 키우던 소나 양 같은 가축도 모조리 죽었고요.

지금 지구에는 누군가 도와주어야 굶어죽지 않고 살 수 있는 사람들이 많아요. 하지만 아무도 도와주지 않기 때문에 굶어서 죽는 사람들의 수가 하루에 2만 5천 명이나 된대요. 아무도 가난하고 비참한 사람들의 도와달라는 소리에 귀를 기울이지 않는 거예요.

이렇게 비참한 사람들을 보면 하나님은 어떠실까요? (복음성가 '그날' 동영상을 인터넷에서 찾아 보여 준다.) "사망의 그늘에 앉아 죽어가는 나의 백성들 / 절망과 굶주림에 갇힌 저들은 내 마음의 오랜 슬픔 / 누가 내게 부르짖어 저들을 구원케 할까 / 누가 나를 위해 가서 나의 사랑을 전할까 / 나는 이제 보기 원하네 나의 자녀들 살아나는 그날 / 기쁜 찬송 소리 하늘에 웃음소리 온 땅 가득한 그날."

하나님께서는 그들을 보시고 눈물을 흘리실 거예요. 그들도 우리와 같이 살아나기를 원하고 계세요. 그럼 이렇게 하기 위해서 우리는 어떻게 해야 할까요? 그냥 돈을 많이 내서 그들에게 가져다주면 될까요?

하나님께서는 아모스 5장 24절에서 다음과 같이 말씀하고 계세요. "너희는 공의가 물처럼 흐르게 하고, 정의가 마르지 않는 강처럼 흐르게 하여라." 공의는 이스라엘 사람들의 말로 '미쉬파트' 예요. 그 뜻은 '재판하다', '심판하다' 라는 뜻도 있고 '법' 이라는 뜻도 있어요. 어떤 법이냐 하면 죄가 없이 의로우신 하나님께서 사람에게 주신 법을 말하는 거예요. 하나님께서는 "하나님을 사랑하라. 이웃을 사랑하라."는 두 가지 법을 우리에게 주셨어요.

그 다음으로 정의는 '체다카' 라는 말이에요. 만화에 보면 주인공이 악당들에게 "정의의 주먹을 받아랏, 얏~"하고 이야기를 하지요? 하지만 하나님께서 말씀하시는 정의는 만화 주인공처럼 잘못을 깨부수는 것만을 이야기하지는 않아요. 정의는 "하나님과 나 사이에서 내가 올바르게 행했는가?"라는 물음에 "네! yes!"라고 대답할 수 있는 거예요.

또 "다른 사람과 나 사이에서 내가 올바르게 행했는가?"라는 물음에 "네! yes!"라고 대답할 수 있는 거예요. 그러니까 하나님과 함께 지낼 때에도, 사람들과 함께 지낼 때에도 그 사이에서 잘못을 저지르지 않고 바르게 살아가는 것이 정의롭게 살아간다는 것이지요.

사실 우리의 마음은 너무 약해서 올바른 일을 하기가 쉽지 않아요. 과자 사 먹고 아이스크림 사 먹을 돈을 저금통에 넣기는 쉽지 않지요. 왜냐하면 그걸 먹으면 당장 내가 좋거든요. 하지만 이웃을 사랑하라고 하신 하나님의 법을 떠올린다면 우리는 그 돈을 눈 딱 감고 저금할 수 있어요. 내 자신과 누군가 도와주지 않으면 살 수 없는 아프리카 어린이 사이에서 내가 저금한 돈으로 그 아이에게 먹을 것을 준다고 생각해 보세요. 그건 생명을 살리는 일이고, 하나님께서 기뻐하시는 좋은 일이에요.

하나님께서는 모두가 행복하게 살아가기 위해서 공의와 정의가 물처럼 흘러야 한다고 말씀하셨어요. 물은 흘러 흘러서 어디든지 가지요. 그렇게 물이 흘러야 풀과 나무가 살고 물고기들이 살고 동물들이 살고 사람들이 살 수 있어요.

그런데 물이 흐르지 않으면 물도 썩어 버리고 물이 있어야 살 수 있는 모든 생명이 죽고 말 거예요. 이렇게 하나님의 법과 하나님의 정의가 물처럼 어디든지 흘러야 모든 자연과 모든 사람이 생명을 얻을 수 있어요.

하나님은 어린이, 어른, 여자, 남자 할 것 없이 누구나 하나님의 법과 정의를 행하기를 원하세요. 또 가난한 사람이든, 부자이든, 강한 사람이든, 약한 사람이든 상관없이 누구나 하나님의 법과 정의를 실천하기를 원하세요. 하나님께서는 도움이 필요한 사람들을 못 본 체하고 그들을 보살펴 주지 않는 사람들에게 그것도 죄라고 말씀하세요.

여러분이 아직 어리지만 함께 행복하게 살아가는 세상을 위해 할 수 있는 일들이 있을 거예요. 작은 일부터 실천할 수 있다면 어른이 되어서 할 수 있는 일은 더욱 많아질 거고요. 하나님과 나 사이에서, 다른 사람과 나 사이에서 부끄럽지 않게, 하나님의 법을 지키고 하나님께서 기뻐하시는 올바른 일들을 행하는 우리 어린이 여러분이 되기를 기도드려요.

13 [파워포인트 설교]

하나님을 찾아요

배울말씀 : 스바냐 2:3

"승우야, 너 그거 하면 안 돼." "얘, 승우야, 하지 마!" "너 정말 한번만 더 그러면 엄마한테 혼난다." "너 당장 그만 둬. 하나~, 둘~"

승우는 정말 말썽꾸러기예요. 매일 엄마가 하지 말라는 일을 해서 엄마한테 혼나곤 해요. 어떨 때는 정말 무섭게 혼내실 것처럼 쳐다 보실 때도 있어요. 그럴 때 그만 두지 않으면 결국은 종아리에 회초리를 맞게 되지요. 하지만 승우는 알아요. 엄마가 자기를 정말 사랑하셔서 야단도 치시고 회초리도 드신다는 걸요.

이스라엘에도 이스라엘을 사랑하셔서 엄마처럼 야단치시는 분이 계셨어요. 바로 하나님이셨지요. 이스라엘이 잘못을 하거나 하면 안 되는 일들을 할 때는 늘 하나님의 호령이 떨어지곤 했어요. 스바냐 아저

씨가 하나님의 말씀을 전했을 때도 그런 때였죠. 하나님께서는 스바냐 아저씨를 통해서 하나님을 배반하고 따르지 않은 사람들과 하나님을 찾지도 않고 구하지도 않은 자들을 심판하신다고 하셨어요. 그들을 멸망시켜서 아주 없애버리겠다는 무시무시한 말씀을 하셨어요. 도대체 무슨 잘못을 했기에 하나님께서 그렇게 화가 많이 나셨던 걸까요?

아하! 하나님께서 야단을 치시는 것도 당연해요. 이스라엘 사람들이 하나님이 제

일 싫어하시는 일을 하고 있었으니까요. 저 사람들은 하나님이 아닌 하늘의 해와 달과 별에게 복을 달라고 빌며 절을 하고 있어요. 또 바알신과 같은 우상에게 예배를 드리고 있네요. 옷도 바알신을 믿는 사람들을 따라 이상하게 입었어요. 하나님만 믿고 따르기로 단단히 약속을 해놓고 저러면 안 되지요.

여기는 예루살렘 궁전이에요. 백성들을 올바르게 다스리고 보살펴 주어야 하는 사람들이 오히려 사람들을 속여서 돈을 빼앗고 뭐든지 폭력을 써서 해결해요. 하나님은 힘없고 가난한 사람들의 편인데 이 사람들은 그걸 모르나 봐요.

"에이~ 하나님은 화는커녕 축복도 못 내리는 그런 신이야. 내가 돈 버는 데 뭐 도와준 일이 있나, 아님 내 집을 짓는 데 뭐 도와준 일이 있기를 하나. 뭐 오래 전에 우리 조상들이 섬겼다고는 하지만 지금은 우리에게 손가락 하나 까딱하지 못하는 걸. 쳇! 차라리 내 주먹을 믿는 것이 훨씬 낫겠다."

이스라엘 사람들은 이제 하나님에 대한 관심도 없었어요. 기도도 하지 않고 하나님을 찾지도 않았지요. 자기가 최고인 줄 알았어요. 이런 걸 교만이라고 해요. 더 이상 하나님께서 보시기에 옳은 일이 무엇인지에 대해서도 관심이 없었어요. 자기만 좋으면 나쁜 일이라고 해도 상관하지 않았지요. 하나님은 자꾸자꾸 이스라엘이 잘못하고 있으니 벌을 받게 될 거라고 경고하셨어요.

"다른 사람을 넘어뜨리는 자들과 악한 자들을 거꾸러뜨리겠다 (1:3)." "내가 손을 들어서, 유다와 예루살렘의 모든 주민을 치겠다 (1:4)." "주께서 심판하실 그 무서운 날이 다가온다. 아주 빨리 다가온다(1:14)." 한 번, 두 번, 계속해서 경고를 할 때마다 하나님의 마음은 어땠을까요?

> "다른 사람을 넘어뜨리는 자들과 악한 자들을 거꾸러뜨리겠다."(스바냐 1:3)
> "내가 손을 들어서, 유다와 예루살렘의 모든 주민을 치겠다."(스바냐 1:4)
> "주께서 심판하실 그 무서운 날이 다가온다. 아주 빨리 다가온다."(스바냐 1:14)

정말 모조리 다 망하게 하려고 자꾸만 벌을 준다고 말씀하신 걸까요?

엄마가 말썽쟁이에게 한 번 두 번 "그러면 너 혼난다."라고 말하는 것은 사실은 "이제 그만 네가 잘못하고 있다는 걸 깨닫고 그런 행동을 하지 말아라."라고 하시는 거예요. 하나님도 마찬가지셨죠. 하나님은 이스라엘이 회개하기를 원하셨어요. 회개라는 것은 잘못을 깨닫고 용서를 해 달라고 하는 것을 말해요. 그리고 말로만 잘못했다고 하는 것이 아니라 잘못된 일들을 지금 당장 그만 두는 거예요.

IV

우리를 사랑하시는 하나님

그럼 이스라엘이 당장 무엇을 그만두어야 할까요? 첫째, 우상이에요. 스바냐 선지자는 우선 하나님이 아닌 다른 우상들을 찾는 것을 그만두고 하나님을 찾아야 한다고 했어요. 모든 일을 하나님께만 이야기하고 하나님만 의지하라고 하셨어요.

둘째, 죄예요. 하나님께서는 의를 구하라고 하셨어요. 하나님께서 옳다고 하시는 일을 믿음으로 행하고 가난한 사람들, 힘없는 이웃들을 도와줄 때 하나님께서는 옳다고 의롭다고 말씀해 주세요.

셋째, 교만이에요. "하나님이 나랑 무슨 상관이야? 하나님이 없어도 모든 일을 다 할 수 있어."라고 생각하는 교만한 마음을 버리고 겸손하게 하나님께서 인도해 주실 것을 믿어야 해요. 내가 제일이라고 생각하는 것이 교만이라면 나보다 하나님을 높여드리는 것이 겸손이지요.

이렇게 이스라엘 사람들이 하나님을 찾고 죄를 짓는 것과 교만한 마음을 버리면 하나님께서 용서해 주시고 보호해 주시겠다고 약속하셨어요(3:11~13). 사실 무섭게 혼을 내고 야단을 치셔도 하나님은 이스라엘 사람들을 매우 사랑하시거든요.

여러분, 우리는 매 주일마다 교회에 와서 하나님께 기도하고 예배드리고 가지요. 그런데 교회가 아닌 학교나 집에서는 어때요? 하나님께 기도드리며 하나님을 찾을 때가 있나요? 슬쩍 슬쩍 거짓말을 하거나 친구를 속이지는 않나요? 혹시 친구를 왕따 시키지는 않나요? 교회가 아닌 곳에서는 하나님과 상관이 없다고 생각하고 내 맘대로 하지는 않나요? 혹시 이렇게 했던 친구들이 있다면 하나님께 귀 기울여 보세요. 한 번, 두 번, 여러분의 마음속에서 안타까워하시는 하나님의 목소리를 들을 수 있을 거예요. 이제까지 하나님을 찾지 않았던 친구들은 하나님을 찾아보세요. 그러면 지금까지 나를 사랑하시는 하나님을 찾을 수 있을 거예요. 집에서도, 학교에서도, 그리고 어디서든지 말이에요. 하나님께 기도하지 않았던 친구들은 무릎을 꿇고 기도해 보세요. 그리고 "내 마음의 주인은 하나님이세요."라고 고백해 보세요. 그러면 아주 아주 기뻐하시는 하나님의 마음을 느낄 수 있을 거예요. 하나님께서는 우리가 겸손하게 하나님을 찾을 때 가장 기뻐하신답니다.

하나님께 기도하지 않았던 친구들은 무릎을 꿇고 기도해 보세요. 그리고 "내 마음의 주인은 하나님이세요." 라고 고백해 보세요.